Lorenz Laplace

Geld verdienen mit Sportwetten

© 2019 Lorenz Laplace

Alle Rechte vorbehalten.

Korrektorat: Bookdesigns.de
Coverdesign und Layout: BookDesigns.de unter Verwendung von Fotos von Depositphotos.com (Maxisports, cunaplus, SergeyNivens)
Herstellung und Verlag: BoD – Books on Demand, Norderstedt
ISBN: 978-3-7504-0147-1

Bibliografische Information der Deutschen Nationalbibliothek:

Die Deutsche Nationalbibliothek verzeichnet diese Publikation in der Deutschen Nationalbibliografie; detaillierte bibliografische Daten sind im Internet über http://dnb.dnb.de abrufbar.

Lorenz Laplace

Geld verdienen mit Sportwetten

Das ultimative Handbuch
für Sportwetten mit System

Inhalt

Kapitel 1: Über mich – was dieses Buch leistet und was es nicht leisten kann 1

Kapitel 2: Meine Wettgeschichte 11

Kapitel 3: Die Vorbereitungen 25

Kapitel 4: Das Spiel mit der Münze 29

Kapitel 5: Warum verlieren die Sportwetter so häufig? 43

Kapitel 6: Promotionen 51

Kapitel 7: Die häufigsten Fehler – Worauf man nicht wetten sollte 87

Kapitel 8: Werden Sie ein Erbsenzähler! 107

Kapitel 9: Es geht doch: Die Marge des Wettanbieters in das Negative drücken – mit Hilfe eigener Statistiken 123

Kapitel 10:	Gewinne durch herausragenden Sachverstand in einer Sportart	177
Kapitel 11:	Epilog und Zusammenfassung	199

***

Anhang 1:	Bestimmung der Marge der Wettanbieter	207
Anhang 2:	Wahrscheinlichkeit in Quoten umrechnen und umgekehrt	215
Anhang 3:	Berechnung der Quote zweier vereinigter Ereignisse	217
Index		219

KAPITEL 1

Über mich, was dieses Buch leistet und was es nicht leisten kann

Ich habe Mathematik studiert. Mathematik war eigentlich immer das Fach, für das ich mich am meisten interessiert habe. Im Jahr 1996 habe ich mein Studium der Mathematik dann erfolgreich abgeschlossen. Die Übertragung realer Prozesse aus der Umwelt hat mich dabei besonders begeistert.

So war es kein Zufall, dass meine Examensarbeit die Theorie der stochastischen Prozesse behandelte, einem Teilgebiet der Statistik.

Nach meinem Studium habe ich dann ca. sieben Jahre freiberuflich im Wirtschafts- und Börsenbereich meine Dienste angeboten, davon drei Jahre hauptberuflich. Ich habe für mehrere Broker, Wirtschaftsverlage und Banken gearbeitet und dabei die Bereiche Riskmanagement (z. B. bei Fonds), Kursanalysen und das Verlagswesen kennen gelernt. Und ich habe dabei die Erfahrung gemacht, dass bekannte Experten in diesem Bereich mathematisch eigentlich gar keine Vorbildung besitzen – wenn man einmal von einem bestandenen Abitur absieht, und selbst dies ist manchmal nicht vorhanden. Dennoch werden gerne Statistiken zu Börsenkursen medienwirksam in Interviews besprochen und dabei die Börsenkurse für die Zukunft abgeschätzt. Börsenkurse besitzen mit Sportwetten erstaunlicherweise zwei Gemeinsamkeiten: Zum einen sind sie mathematisch darstellbar. Entweder als Kurs oder bekannte Größen wie KGV o. ä., oder als Sportergebnis mit den Größen Tabellenplatz, Spielerstatistik o. ä. Und zweitens: Sie werden von Menschen, denen Außenstehende eine gewisse Sachkompetenz zumuten, für die Zukunft vorhergesagt – meist mit ziemlich kläglichem Erfolg. Nach dem Misserfolg wird dann nach Erklärungen gesucht, warum der Kurs bzw. das Ergebnis nicht der Vorhersage entspricht.

Im Jahr 1999 entschied ich mich, Lehrer zu werden und machte 2001 mein zweites Staatsexamen nach. Seitdem bin ich Studienrat, u. a. für das Fach Mathematik, an

KAPITEL 1

einer Schule im Großraum Köln. Ich unterrichte gerne die gymnasiale Oberstufe, d. h. die Schüler, die sich auf das Abitur vorbereiten.

Dieses Buch schreibe ich im Jahr 2019, drei Jahre nachdem ich meine erste Sportwette abgegeben habe.

Mein Bekanntenkreis umfasst auch Menschen, die der Mathematik nicht zugetan sind. Dabei denke ich an spontane Bekanntschaften mit anderen Gästen in der Gastwirtschaft, in der ich einige Sportereignisse live mitverfolge oder an die Mitglieder in der Alten-Herren-Gruppe, in der ich einmal in der Woche kicke. Viele dieser Bekanntschaften haben, ebenso wie ich, Sportwetten auf das aktuelle Ereignis abgegeben.

Wenn ich mich über meine Erfahrungen mit Sportwetten oute und dabei nebenläufig erwähne, dass ich mit Sportwetten etwa 20.000 € gewonnen habe, so ernte ich ausschließlich ungläubiges Staunen. Einige fragen mich nach meiner Strategie oder meinem Wettanbieter, bei dem ich meine Wetten abgebe. Ich habe mir bei Vielen redlich Mühe gegeben, die wichtigsten Dinge zu erläutern, aber ich bin jedes Mal daran gescheitert, dass ein einziger Abend nicht ausreicht, um auch nur die wichtigsten Dinge für ein erfolgreiches Sportwetten zu vermitteln.

Auch unter Lehrerkollegen, die das Fach Mathematik studiert haben, habe ich nie die Zeit gefunden, die notwendig gewesen wäre, meine Strategie vollständig zu erklären.

Es gibt zwar mittlerweile Bekannte, die meine Ratschläge 1:1 umsetzen, indem ich ihnen die Sportwetten regelrecht diktiere, die besonders attraktiv sind. Alle diese Bekannten haben Gewinne zu verzeichnen. Diejenigen, die seit mehreren Jahren dabei sind, im vierstelligen Bereich.

Aber es gibt niemanden, der versteht, warum genau ich mich für meine Tipps entschieden habe.

Genau dies soll sich nun mit diesem Buch ändern.

Ich schreibe also ein Buch für den Fan von Sportwetten, nicht für Mathematiker.

Aus meinen beruflichen Erfahrungen im Verlagswesen kenne ich noch gut die Faustformel für Verlage: Jede mathematische Formel reduziert die Leserschaft um 50 %. Ich habe mir also redlich Mühe gegeben, Formeln zu vermeiden, bzw. sie so einfach zu gestalten, dass Sie auch ein Sportwettenfan versteht, der nicht meinen Mathematik-Leistungskurs besucht.

Dies wirft jedoch ein Problem auf, welches dem ein oder anderen beim Lesen des Buches auffallen wird: Einige

KAPITEL 1

Dinge habe ich so stark vereinfacht, dass bereits ein guter Schüler Ungenauigkeiten bemerken kann.

Ich darf hier versichern, dass die Vereinfachung ausdrücklich deshalb geschieht, weil ich das Buch einer breiten Leserschaft zugänglich machen möchte, und nicht, weil ich mir dieser mathematischen Fehler nicht bewusst bin. Einige Dinge werde ich im Verlauf des Buches korrigieren, da das Buch bis zum Kapitel 9 eine zunehmende Komplexität besitzt und ich immer wieder auf die vorherigen Kapitel verweisen muss. Jedes weitere Kapitel wird mehr und mehr mit Überlegungen der Statistik befrachtet.

Ich kann meine Erfolge jedoch nicht vollständig ohne mathematische Grundkenntnisse erläutern. Insbesondere erwarte ich vom Leser, dass er das Prozentrechnen dahingehend beherrscht, dass er Aufgaben des Typs „Was sind 5 % von 270 €?" zumindest nachschlagen und mit einem Taschenrechner korrekt ausrechnen kann. Ohne den Prozentbegriff werden Sie dieses Buch nicht verstehen können, das ist unabdingbare Voraussetzung. Mehr als dieses mathematische Wissen benötigen Sie allerdings auch nicht, das ist mein Ziel.

Sie werden merken, dass das Buch von einem Lehrer geschrieben ist. Denn bei den Stellen, an denen mathematische Probleme für den Leser auftauchen, die Sie für ein erfolgreiches Sportwetten benötigen, habe ich Ihnen Übungsaufgaben eingebaut – selbstverständlich mit Lösungen.

Ich habe die Hoffnung, dass damit das Buch an Popularität gewinnt.

Wenn Sie ein Sportwettenfreund sind, dann kann ich voraussetzen, dass Sie wissen, was eine Quote auf ein Sportereignis ist oder zumindest in der Lage sind, sich dies schnell zu erarbeiten. Das in Deutschland verbreitete Quotenformat ist die Dezimalschreibweise: Eine Quote von 1,5 bedeutet, dass Sie im Erfolgsfall den 1,5-fachen Einsatz erhalten. Da mein Buch zunächst in Deutsch erscheint, und auch mir die Dezimalschreibweise am geläufigsten ist, werde ich mich ausschließlich dieser bedienen. Die Leser, die in der amerikanischen und englischen Darstellung der Quote geübter sind, mögen mir dies verzeihen.

Mein Ziel ist es, dass der Leser nach vollständiger Lektüre dieses Buches in der Lage ist, für die zukünftigen Sportereignisse Wetten abzuschließen, mit denen er gute Chancen auf Gewinne besitzt.

Gewinne garantieren kann ich Ihnen leider nicht, das ist unmöglich!

KAPITEL 1

Ich kann Ihnen insbesondere nicht ein Sportereignis vorhersagen, welches in naher Zukunft besonders aktuell ist.

Aber ich kann in diesem Buch einige mathematisch fundierte Verhaltensweisen vermitteln, mit deren Hilfe Sie bei Sportwetten eine höhere Wahrscheinlichkeit haben, Geld zu gewinnen als zu verlieren.

Ich habe mir vorgenommen, keinen einzigen Wettanbieter zu nennen – weder positiv noch negativ. Dafür gibt es mehrere Gründe:

Erstens habe ich in meinen drei Jahren als aktiver Sportwetter schon mehrere Wettanbieter kommen und gehen sehen – einige sind insolvent, andere haben fusioniert und tragen nun andere Namen. Wieder andere sind vollkommen neu gegründet worden. Die Empfehlung eines Anbieters könnte also zum Zeitpunkt des Lesens nicht mehr aktuell sein.

Zweitens möchte ich aus verständlichen Gründen Klagen einzelner Wettanbieter gegen meine Person vermeiden. Eine negative Nennung eines Wettanbieters könnte so etwas nach sich ziehen.

Drittens ändern Wettanbieter bisweilen ihre Geschäftsstrategien. Ich habe in den drei Jahren sowohl positive wie negative Erfahrungen dahingehend gemacht, dass sich einzelne Wettanbieter im Verlauf der Zeit zum Positiven oder Negativen entwickelt haben. Der Verweis einzelner Werbeaktionen würde das Buch schnell veralten lassen. Ich verweise lieber auf die (relativ) aktuellen Seiten des Internets, oder fordere Sie hiermit auf, die Seiten der Wettanbieter in dieser Hinsicht in eigener Regie zu durchstöbern.

Viertens will ich nicht in Verdacht geraten, dass ich irgendwelche Provisionen von Wettanbietern erhalten könnte, weil ich diese hier erwähne. Leider müssen Sie damit rechnen, dass die Internetseiten, die ich im Punkt 3 erwähnt habe, genau diese Provisionen durch Werbelinks erhalten. Eine Internetseite ist also nicht unbedingt objektiv. Dieses Buch ist für den Wettfreund geschrieben, nicht für Wettanbieter, die neue Kunden gewinnen wollen.

Wenn Sie dieses Buch studieren, werden Sie feststellen, dass ich es auch vermeide, einzelne Sportler oder Teams zu nennen. Dies hat ähnliche Gründe wie bei den Wettanbietern:

Erstens können Teams oder Sportler, die im Jahr 2019 aktuell sind, einige Jahre später in Vergessenheit geraten sein.

KAPITEL 1

Zweitens bin ich gar nicht in der Lage, einzelne Sportereignisse sachkundig zu beurteilen. Ich habe die fehlende sachliche Kompetenz einiger Menschen genannt, die als Börsenexperten interviewt werden. Ich weiß, dass ich nicht mit Experten in Konkurrenz treten kann, die sich jahrelang mit einer bestimmten Sportart beschäftigt haben. Die Beurteilung einzelner Sportereignisse überlasse ich anderen Menschen. Ich bin Mathematiker, kein Sportexperte. Die einzige Sportart, die ich selbst betreibe, ist Fußball. Hier bin ich seit meinem 40sten Lebensjahr in einer Alte-Herren-Mannschaft aktiv. Also ist selbst im Fußball meine Sachkenntnis überschaubar, aber wenigstens hier kenne ich die Regeln vollständig. Die anderen Sportarten, auf die gerne gewettet wird, etwa Tennis, Basketball usw. beherrsche ich nur in den Grundzügen oder gar nicht, aktuelle Ereignisse aus diesen Sportarten erfahre ich fast ausschließlich über meine abgegebenen Wetten – und vergesse sie schnell wieder.

Drittens möchte ich den unterschiedlichen Neigungen der Wettfreunde nachkommen: Ein Tennisfan interessiert sich vielleicht wenig für Fußball und umgekehrt. Ein Sportereignis, welches einem Tennisfan noch lange in Erinnerung geblieben ist, hat in der Welt der Fußballfans vielleicht kaum Beachtung gefunden und umgekehrt.

GELD VERDIENEN MIT SPORTWETTEN

Allen Sportfans sei versichert: Die Mathematik, mit der die Quoten der Sportereignisse behandelt wird, ist identisch. Es ist vollkommen unerheblich, ob Sie den Sportarten Tennis, Fußball, Basketball oder American Football zugeneigt sind. Dieses Buch ist für alle geschrieben. Lediglich das Kapitel 10 bildet hier eine Ausnahme.

Wenn Sie in diesem Buch weiterlesen, so werden Sie nicht nur aufgrund der mathematischen Überlegungen feststellen, dass ein Mathematiker dieses Buch geschrieben hat, sondern auch durch die Regeln, die ich formuliere, an Ihren ehemaligen Mathematikunterricht erinnert: Ich formuliere Regeln und gebe ihnen zur besseren Verweisbarkeit einen Namen, so wie Sie sicherlich noch die Regeln „Satz des Pythagoras" oder „Thalessatz" in Erinnerung haben werden.

Selbst wenn Sie solche Merksätze vergessen haben, so lassen diese sich leicht anhand der griffigen Namensgebung wieder finden.

Ich habe mir für dieses Buch ein Pseudonym zugelegt, denn ich gehe davon aus, dass kein Wettanbieter mich noch wetten lassen wird, wenn ihm der Autor dieses Buches bekannt ist.

KAPITEL 2

Meine Wettgeschichte

Während der Sommerferien 2016 gab es mit der Europameisterschaft ein bedeutendes Fußballturnier, für das ich mich hinreichend interessierte. Im Internet las ich bisweilen die Kommentare auf den Sportseiten, die sich auf das kommende oder vergangene Spiel bezogen. Auf diesen Seiten flackern häufig die Anzeigen verschiedener Wettanbieter, die Neukunden mit sog. Willkommensangeboten locken, indem sie einen Bonus in Aussicht stellen, in der Regel 100 €.

Ich habe mich zu diesem Zeitpunkt eigentlich nie für Wetten interessiert – es ist doch für einen Statistiker selbstverständlich, dass Wettanbieter IMMER gewinnen – und ich habe nie mir Mühe gemacht, diesen Anzeigen auch nur einen Augenblick Zeit zu schenken. Wettanbieter waren in meiner Vorstellung damals ohnehin Organisationen mit kriminellem Hintergrund.

Offenbar muss ich große Langeweile während dieser Ferien gehabt haben, denn ich klickte nun doch einmal auf ein Werbebanner eines bekannten Wettanbieters. Ich habe dieses Angebot eigentlich nur durchlesen wollen, um mir selbst meine überdurchschnittlichen Kenntnisse in Statistik noch einmal zu beweisen. Ich wollte nach genauem Durchlesen der Bonusbedingungen einen Beweis dafür haben, dass der Wettanbieter mir keine 100,- € schenkt, sondern einen Gewinn erwirtschaftet – wenn alles „normal" verläuft, versteht sich!

Ich setzte mich also hin, studierte die recht versteckt angezeigten Teilnahmebedingungen und begann zu rechnen: Umsatzbedingungen, Margen, Erwartungswert, usw...

Nachdem ich mich ca. zwei Stunden mit den Bedingungen beschäftigt und mir ein paar Beispielrechnungen notiert hatte, stand fest: Der Wettanbieter schenkt einem Neukunden nicht 100 €, aber immerhin 40 €.

Ein Konkurrent dieses Wettanbieters wurde mit einem fast identischen Angebot ebenfalls auf Herz und Nieren

KAPITEL 2

von mir geprüft: Auch hier ergab sich ein sog. „Erwartungswert für den Spieler" von 40 €.

Na, dachte ich, das kann doch nicht wahr sein, ich mache das jetzt einfach einmal. Bei beiden Anbietern registriert, 100 € eingezahlt und jeweils über das Wettkonto von „100 € Echtgeld" plus „100 € Bonusgeld" gefreut.

Ich platzierte meine Wetten – und verlor beim ersten Wettanbieter ziemlich schnell mein gesamtes Kapital! Beim anderen Wettanbieter erfreute ich mich jedoch nach dem Durchlauf von 600 € Wetteinsätzen über ein Kapital von über 350 € Echtgeld! Ich glaubte immer noch, dass Wettanbieter eigentlich Verbrecher seien und konnte mir kaum vorstellen, dass mir der Wettanbieter die 350 € ohne Probleme auszahlen würde.

Ich wurde wirklich positiv überrascht: Ohne irgendwelche Gebühren hatte ich zwei Tage später mein gesamtes Wettguthaben auf meinem Girokonto.

Ich freute mich an einem Gewinn von über 150 €, denn ich hatte zwei Mal 100 € eingezahlt, und besaß nun 350 €.

Dieses Spiel – einfach nur den Bonus spielen und dann auszahlen lassen, habe ich anschließend mit einem guten Duzend Wettanbietern durchgezogen – bei einigen verlor ich mein Kapital, aber die Gewinne bei den anderen Wettanbieter überstiegen die Verluste der anderen Konten. Ich habe bei diesem Spiel dann festgestellt, dass man bei jedem Wettanbieter akribisch die Bonusbedingungen durchlesen und verstehen muss. Denn diese unterscheiden sich voneinander, und es gibt Bonusbedingungen, die deutlich schlechter sind als die Bonusbedingungen, die ich als erstes durchgelesen hatte.

Außerdem erhielt ich bald nach meiner Kontoräumung neue Angebote – etwa Wettangebote, bei denen man Gratiswetten oder ähnliches erhalten würde.

Ich habe mich immer in die Bedingungen eingelesen, vor allem zu Beginn akribisch Buch geführt und bis etwa Oktober 2016 einen Gewinn von 800 € erwirtschaftet.

Ich habe mich dann entschlossen, ein Wettkonto aufzumachen, also ein Girokonto, auf dem ich einmalig Spielgeld einzahle und davon – und nur davon – meine Ein- und Auszahlungen an Wettanbieter tätige. Ich überwies auf mein Wettkonto 1.000 € „Spielgeld", welches ich bereit war zu verlieren und interessierte mich von nun an verstärkt für Sportwetten, vor allem im Bereich Fußball.

Ich studierte die Promotionsseiten der Wettanbieter intensiv, führte mit den Hotlines längere Chats, wenn mir die Bedingungen nicht einleuchtend waren und begann

KAPITEL 2

ein echter Wettfreund zu werden. Über die Promotionen habe ich mich dann auch in Sportarten versucht, die ich gar nicht richtig beherrsche: Tennis, American Football, Basketball, usw...

Es war die bereits fortgeschrittene Fußballsaison 2016/17, in der ich erstmals auf eine Promotion gestoßen bin, die dann besonders interessant ist, wenn man auf Favoriten setzt. Die Berechnung des Wertes dieser Promotion war nicht so ganz einfach, ich bediente mich eines Tabellenkalkulationsprogramms und berechnete verschiedene Wettvarianten der Promotion. Ich habe mir dabei ausgerechnet, dass man bei dieser Promotion einen langfristigen Gewinn von ca. 10 %, im Idealfall sogar 15 %, seines Einsatzes zu erwarten hat.

Ich begann Wetten mit dieser Promotion zu platzieren und führte darüber Buch, sehr interessiert daran, ob mein Erwartungswert in der Realität tatsächlich die erwähnten 10 bis 15 % betragen würde. Ich wurde enttäuscht, denn die theoretische Berechnung meines Erwartungswertes lag kräftig neben den Ergebnissen meiner Wetten.

Nein, der durchschnittliche Gewinn betrug im langfristigen Durchschnitt nicht 10 bis 15 %, wie ich in der Theorie ausgerechnet hatte, sondern es war ein positiver

Wert von durchschnittlich ca. 40 % der Wetteinsätze. Ja, Sie haben richtig gelesen: Pro 100 €, die ich Tag für Tag mit dieser Promotion auf meine Favoritenkombinationen gesetzt hatte, erzielte ich ca. 40 € Gewinn – im langfristigen Durchschnitt versteht sich.

Wie konnte ich mir das erklären? War es purer Zufall, dass ich so viel gewann- entgegen aller Theorie? Nein, dafür hatte ich zu viele Wetten platziert. Das konnte ich ausschließen.

Hatte mein Sachverstand bei der Vorhersage der Sportwetten eine Rolle gespielt? Nein, die Teams, die in meinen Wettscheinen auftauchten, waren zum Teil Klubs der italienischen und englischen Liga, die ich zuvor nur vom Namen her kannte.

Hatte ich mich bei meinen Berechnungen vertan? Ich kontrollierte noch einmal alle Überlegungen, die ich mit Hilfe eines Tabellenkalkulationsprogramms erstellt hatte. Nein, auch hier war alles richtig, kein Fehler in meinen recht komplizierten Formeln, die ich programmiert hatte.

Und nun schloss ich im Stile Sherlock Holmes[1]: Wenn man alles ausgeschlossen hat, was unmöglich ist, so ist

---

[1] "It is an old maxime of mine, that if you excluded the impossible, whatever remains, however improbable, must be the truth." (Arthur Conan Doyle)

KAPITEL 2

das, was übrig bleibt, die Wahrheit, auch wenn sie unwahrscheinlich ist.

Inspiriert durch die Promotion und meine zuvor angefertigten Berechnungen für Kombinationswetten habe ich auf nur Favoriten gesetzt und mehr gewonnen als eine Promotion theoretisch erwarteten ließ. Also werden von Seiten der Wettanbieter die Favoriten offenbar mit Quoten versehen, die einen positiven Erwartungswert für den Wettfreund ergeben, also „zu hoch bequotet sind". Ich hatte eine echte Champagnerlaune bei dieser Erkenntnis und weitete meine Strategie unbarmherzig aus: Ich suchte noch mehr Wettanbieter, die diese Promotion anboten und hatte durchschlagenden Erfolg.

Bis Ostern 2017 wuchsen meine Konten wöchentlich ziemlich konstant um 300 bis 500 € pro Woche an. Ich hatte Ostern 2017 über 9.000 €, wenn ich die Konten der verschiedenen Wettanbieter, den Wert der Wetten, die noch nicht abgeschlossen waren und mein Spielgeld auf dem Girokonto zusammenzählte.

Und dann gab es ein regelrechtes **Horrorwochenende**!

Ich hatte – bei mir mittlerweile vollkommen üblich – mehr als 40 Wetten á ca. 50 € mit Favoritenkombinationen, die noch nicht abgelaufen waren. Ich verlor an einem

Wochenende ALLE Wetten! Es waren mehr als 2.000 €, die ich an einem einzigen Wochenende verlor. Mein Kapital stürzte von über 9.000 € auf ca. 7.000 €.

Das musste ja so kommen, dachte ich mir, und verfiel wieder in meine altes Gedankengut: Diese Wettanbieter sind doch Verbrecher, das war mein Gedanke.

Aber nachdem ich eine Nacht darüber geschlafen hatte und am nächsten Morgen die Ergebnisse recherchierte, kam ich zu folgendem Ergebnis: Nein, es gab **keinen einzigen** Fehler von Seiten der Wettanbieter. Alle Wetten waren korrekt ausgewertet.

Der Verlust ging allein auf mich zurück.

Aber was hatte ich falsch gemacht? Gar nichts! Es war ein ganz normales „seltenes Ereignis", welches nun einmal passieren kann! **Es kann eben einfach einmal vollkommen dumm laufen, wenn man wettet. Ich hatte an diesem Wochenende einfach einmal „Pech" gehabt, so etwas gibt es nun einmal bei Glücksspielen, trotz richtiger Strategie.**

Mit dieser Erkenntnis wettete ich weiter. Und gewann wieder mit meinem alten System. Bis zum Ende der Saison im Sommer 2017 hatte ich über 10.000 € auf dem Konto.

Ich hatte innerhalb von ca. 7 Monaten mein Kapital verzehnfacht. Das ist mir an der Börse nie gelungen.

KAPITEL 2

Die ersten Wettanbieter meldeten sich bei mir, und sperrten mich.

Entweder wurde mein Konto ganz geschlossen – zumindest für Sportwetten, das eigene Casino sei für mich weiterhin offen – dabei wurden die noch nicht abgeschlossenen Wetten noch abgerechnet und das Wettkonto problemlos auf mein Giro transferiert.

Bei anderen Wettanbietern wurde ich gänzlich von Promotionen ausgeschlossen.

Bei einem weiteren Wettanbieter ich durfte nur noch Wetten mit maximal 1 € Einsatz abschließen.

Noch ein weiterer Wettanbieter verbot mir allgemein, Kombinationswetten abzuschließen. Sobald ich versuchte, eine Kombinationswette abzuschließen, gab es eine Fehlermeldung im System und ich wurde aufgefordert, lediglich Einzelwetten abzugeben.

Ich fragte bei den Wettanbietern jeweils nach dem Grund, weshalb man mich sperrte. Bei **jedem Wettanbieter** kam der Verweis auf die allgemeinen Geschäftsbedingungen, dass man auch ohne Begründung Spieler ausschließen dürfe!

Ich suchte also neue Wettanbieter mit dieser Promotion und fand sie: Einige Wettanbieter gewährten das gleiche

Bonussystem nicht für Fußballwetten, sondern für amerikanische Events wie Eishockey (NHL) oder American Football (NFL) Dabei übertrug ich meine Erkenntnisse über die zu hohe Bequotung der Favoriten aus der Fußball-Saison 2016/17 auf die NFL und die NHL und wettete mit der gleichen Promotion auf die Favoriten. Und erlitt einen fürchterlichen Schiffbruch! Ich verlor abermals einen vierstelligen Betrag.

Mit dieser Erfahrung drehte ich mein System um und wettete bei der NFL nicht mehr auf die Favoriten, sondern auf die Außenseiter – und gewann meinen Verlust wieder zurück.

Zu Beginn der Saison 2017/18 habe ich dann wieder angefangen, mit Kombinationen auf Favoriten zu arbeiten, diesmal wieder mit europäischen Fußballligen: Zu Beginn der neuen Saison verlor ich zunächst wieder deutlich, aber im Verlauf der Saison wurden diese Verluste mehr als ausgeglichen.

Die Saison 2018/9 verlief ähnlich wie die Saison 2017/8, nur mit dem Unterschied, dass meine Verluste zu Beginn der Saison deutlich geringer waren: Ich hatte nämlich nach meinen Erfahrungen die Wetteinsätze zu Beginn der Saison deutlich reduziert, aber setzte wieder auf die Favoriten.

KAPITEL 2

Einige Ausfüge in die amerikanische Basketballliga und des Tennis zeigte mir dann noch:

Die Erkenntnisse der Saison 2016/17 im Fußball waren weder kontinuierlich auf die zukünftigen Spielzeiten im Fußball, noch auf andere Sportarten ohne Weiteres übertragbar. Eine ganz einfache Regel, ob man mit Favoriten oder mit Außenseitern Geld gewinnt, gibt es nicht.

Aber eine Ahnung, die ich bereits 2016 hatte, ist mir während meiner Irrwege, die ich durchlaufen habe, bewusst geworden: Es gibt so etwas wie „Zu bestimmten Zeiten muss man bei einer bestimmten Sportart auf Außenseiter setzen- aber: zu anderen Zeiten auf Favoriten." Dies habe ich im Verlauf der drei Jahre dann versucht mathematisch zu konkretisieren und es dann psychologisch zu erklären. Einige Dinge sind mir erst beim Schreiben dieses Buches klar geworden. Diese Trends, wann man auf den Außenseiter und wann man auf den Favoriten setzen sollte,... – dafür glaube ich mittlerweile ein gutes Feeling zu besitzen, welches ich dann statistisch überprüfe und dann in gewinnbringende Wetten umsetze.

Ich habe diese Trends mit jeweils einer psychologischen Herleitung am Ende von Kapitel 9 zusammengefasst. Bevor Sie jedoch unmittelbar zu Kapitel 9 springen, rate ich Ihnen tunlichst, die vorherigen Kapitel durchzulesen- auch auf die Gefahr, dass einige der Dinge Sie bereits wissen und umsetzen! Die größte Gefahr des Wettens ist nämlich meines Erachtens, dass man eklatante Fehler macht, die wirklich einfach zu vermeiden sind. Diese recht einfachen Verhaltensweisen erarbeite ich in den Kapiteln zuvor.

Mittlerweile habe ich mehrere Bekannte, die meinen Erkenntnissen glauben und diese kopieren – sie haben ebenfalls mittlerweile Gewinne im vierstelligen Bereich erzielt.

Einmal habe ich mich mit einem sachkompetenten Gesprächspartner über meine Überlegungen ausführlich ausgetauscht. Es war ein ehemaliger Kommilitone aus meinem Mathematikstudium. Ich habe ihm meine Erkenntnisse mitgeteilt und dabei meine Statistiken gezeigt. Er hörte mir aufmerksam zu und nannte meine Erkenntnisse eine „Doktorarbeit in der angewandten Mathematik".

Mittlerweile habe ich 20.000 € auf meinen Wettkonten, wobei es mir zunehmend schwieriger fällt, noch weitere Gewinne zu generieren, denn ich bin bei den besten Wettanbietern, wie bereits erwähnt, gesperrt. Meine Wettumsätze in den vergangenen drei Jahren belaufen nach einer Überschlagsrechnung auf ca. 100.000 €. Für mich im Nachherein ein Schwindel erregender Betrag.

In den letzten drei Jahren habe ich öfter versucht, eine vernünftige Abhandlung über das Thema „Geld verdienen mit Sportwetten" im Internet oder in Buchform zu finden. Die Webseiten gingen dabei über Banalitäten nicht hinaus. Da gab es zum Beispiel die Empfehlung, dass man abwägen solle, ob man auf Favoriten setzen solle, bei denen man immer nur einen kleinen Gewinn erwirtschaftete, aber diesen eben relativ häufig. Sorry, diese Erkenntnis ist nicht gerade das, was einem Wettfreund weiter hilft.

Dagegen würden Außenseiterwetten hohe Gewinne versprechen, aber nur seltener auftreten. Das ist ja eine hervorragende Analyse, kann ich nur sarkastisch hinzufügen.

Ein „Statistiker" hatte auf einer Webseite veröffentlicht, dass lediglich 5 % der Menschen, die Sportwetten abschließen, langfristig gewinnen.

Nach meinen Erfahrungen sind veröffentlichte Prozentangaben zu 92 % frei erfunden und entbehren jeglicher Statistik. (Die 92 %-Angabe ist übrigens ebenfalls eine davon und bestätigt damit meine Erfahrung perfekt!)

Nun habe ich mich, ziemlich genau drei Jahre nach meinen ersten Wetterfahrungen, in den Sommerferien

2019 hingesetzt und meine Erkenntnisse zu einem Buch zusammengefasst. Ich hoffe, dass meine Ausführungen den Leser ein wenig umfangreicher in die Welt der Sportwetten einführen als die von mir gefundenen Beiträge.

Ich wünsche Ihnen viel Spaß bei der Lektüre!

KAPITEL 3

Die Vorbereitungen: Welche Voraussetzungen benötige ich für das Geld verdienen mit Sportwetten?

Ich habe Ihnen im vorherigen Kapitel meine Wettgeschichte recht umfangreich erzählt. Dies hat einen Grund: Ich denke, dass Ihnen dadurch noch einmal das klar geworden ist, was ich bereits im ersten Kapitel erläuterte. Ich kann Ihnen keine Gewinne garantieren! Das soll heißen, dass Sie nur mit „**Spielgeld**" Wetteinsätze tätigen sollten. Ich kenne den Ausgang des Sportereignisses nicht, auf welches Sie setzen möchten, ich bin kein Hellseher!

Also, wenn Sie mit Sportwetten Geld verdienen möchten, **benötigen Sie Geld, welches Sie verlieren können – sog. „Spielgeld".**

Dabei ist ein kleiner vierstelliger Betrag in der Regel ausreichend, etwa 1.000 bis 1.500 €. Eröffnen Sie für sich ein Girokonto, auf das Sie dieses Geld einzahlen – einfach um sich selbst eine Grenze zu setzen! Veranlassen Sie, dass Sie für dieses Girokonto **keinen Kreditrahmen** besitzen. Ansonsten könnten Sie so doch mehr verlieren, als Sie zuvor vorhatten.

Wenn Sie nicht 1.000 € zur freien Verfügung haben, dann legen Sie dieses Buch bitte weg und unterlassen Sportwetten. Ich möchte nicht moralisch dafür verantwortlich gemacht werden, dass Sie nach dem Verlust Ihres Spielgeldes Ihre Rechnungen nicht mehr bezahlen können. Noch einmal: Es ist durchaus möglich, dass Sie das Spielgeld vollständig verlieren!

Neben dem Spielgeld benötigen Sie einige Dinge, die viel zu einfach sind, als dass man sie erwähnen muss. Und doch mache ich als Lehrer oft die Erfahrung, dass es gerade im Unterricht an diesen wichtigen Dingen mangelt. Sie benötigen Arbeitsmaterial:

- einen Taschenrechner,
- einen **Ringordner mit Papier** o. ä.
- Stifte in mehreren Farben erleichtern Ihr Arbeiten

- einen **schnellen Internetanschluss** mit gutem Online-Endgerät: **PC oder Laptop**, am besten zwei Endgeräte, damit kann man am besten vergleichen! (kein Smartphone, damit kann man nicht effektiv arbeiten!)
- ein Tabellenkalkulationsprogramm (z. B. Excel) ist hilfreich, jedoch nicht unbedingt notwendig.
- dazu einen **Drucker** mit Papier

Wozu benötigen Sie diese Dinge? Sie werden bald sehen, dass „Geld verdienen mit Sportwetten" echte harte Arbeit bedeutet. In der Woche sind schnell 2 bis 3 Stunden intensive Beschäftigung notwendig, am Anfang auch mehr. Sie müssen sich Notizen über Quoten machen, Margen ausrechnen und die Teilnahmebedingungen der Promotionen lesen und verstehen. Und Sie müssen Wettanbieter vergleichen, das kostet Zeit.

Legen Sie sich deshalb einen vollständigen Ordner nur für Ihre Sportwetten an.

Der Titel des Buches lautet „Geld verdienen mit Sportwetten", nicht: „schnelles Geld mit Sportwetten".

Noch etwas: Ich habe noch nie ein Wettbüro betreten. Im Internet gibt es so viele Wettanbieter, dass ich mir gar nicht die Mühe mache, auch nur 100 m zu gehen. Und ich kann mir auch nicht vorstellen, dass Wettbüros irgendwie besser als die Onlinepräsenz sein können, vor allem, weil man online die Quoten der anderen Wettanbieter schnell zur Hand hat.

KAPITEL 4

Das Spiel mit der Münze

Einführendes Beispiel: Die unverbogene Münze

Jeder kennt dieses Spiel: Ein Spieler vereinbart mit einem anderen Spieler – zur besseren Unterscheidung nenne ich ihn Wettanbieter, Bank oder Bookie[2] – folgende Regeln:

Eine Münze mit den Seiten „Kopf" und „Zahl" wird geworfen. Der Spieler darf sich ein Ereignis aussuchen, sagen wir, er sucht sich immer „Kopf" aus. Er setzt seinen Einsatz, im einfachsten Fall immer 1 €.

---

[2] abgeleitet von engl. für Buchmacher

Trifft das Ereignis Kopf ein, erhält er seinen doppelten Einsatz zurück, im anderen Fall (Zahl) behält die Bank den Einsatz ein.

Die Quoten würden sich wie folgt darstellen:

Angebot 0: Spiel mit unverbogener Münze
Ereignis Kopf: 2-facher Einsatz
Ereignis Zahl: 2-facher Einsatz

Man muss für dieses Spiel noch einige Dinge erwähnen, die aus dem Bauch heraus vorausgesetzt werden: Die Münze sei fair, d. h., es treten die Ereignisse Kopf und Zahl gleichwahrscheinlich ein.[3]

Der Werfer beeinflusst nicht die Eintrittswahrscheinlichkeit des Ereignisses. Es ist kein anderes Ereignis möglich, etwa, dass die Münze auf dem Rand stehen bleibt.

Das Spiel ist so bekannt und einfach, dass man als Sportwetter fast ein wenig beleidigt ist, wenn man dieses

---

3 Einen solchen Versuch nennt man Laplace-Versuch, nach Pierre-Simon Laplace (1740–1827), französischer Mathematiker, der sich vor allem mit Glücksspielen beschäftigte. Durch diesen Namen habe ich mich bei der Wahl meines Pseudonyms inspirieren lassen.

KAPITEL 4

in Erinnerung gerufen bekommt, aber an diesem einfachen Spiel lassen sich viele grundlegende mathematische Prinzipien festmachen:

Wenn gefragt wird, wie groß der erwartete Gewinn für den Spieler bei diesem Spiel ist, so antworten alle richtig: Es gibt keinen erwarteten Gewinn, das Spiel ist fair. Es existiert die gleiche Wahrscheinlichkeit etwas zu verlieren wie etwas zu gewinnen.

Viele sagen dann noch unsauber, aber für unser Verständnis richtig: Wenn man das Spiel lange genug spielt, dann gewinnt man nichts und verliert auch nichts.

Dieses unsaubere „man gewinnt nichts und man verliert nichts, wenn man nur oft genug spielt" ist genau das, was ein Mathematiker mit der Aussage „Der Erwartungswert für den Gewinn ist null" bezeichnet.

Dieses Spiel wird irgendwann einmal langweilig, weshalb man es nur selten spielt. Besonders langweilig ist der folgende Fall, der aber etwas abgewandelt im weiteren Verlauf zur Verdeutlichung noch mehrfach aufgegriffen werden soll:

Es kann Ihnen im Fall eines fairen Spieles gelingen, dass Sie mit Sicherheit nichts verlieren oder gewinnen, wenn Sie Ihr Kapital geschickt einsetzen:

Wenn Sie je einen Euro auf Kopf und auf Zahl setzen, so haben Sie nach dem Spiel Ihr Geld wieder mit Sicherheit vollständig zurück. Sie haben nichts gewonnen und nichts verloren.

Dieses Spiel wird deshalb von vielen Sportwettenfans gar nicht als Vergleich für eine Sportwette angesehen, weil ein Sportereignis normalerweise **nicht gleich wahrscheinliche** Ereignisse beinhaltet. In einem sportlichen Aufeinandertreffen gibt es normaler Weise eine Seite (Spieler oder Team), welcher größere Chancen auf den Sieg zugemutet werden als der anderen. Es gibt sog. Favoriten und Außenseiter. Diese Begebenheit wird mit einer normalen, unverbogenen Münze nicht nachgebildet. Ein Sportereignis ist normalerweise **kein** Laplace-Versuch.

Tragen wir diesem Einwand nun Rechnung und machen wir das Spiel etwas interessanter, indem wir die Münze verbiegen:

Sagen wir, die Münze wird so verbogen, dass die Zahlseite die konvexe Seite ist, die Kopfseite die konkave (Abb. 4-1).

Jeder sieht sofort ein, dass die Wahrscheinlichkeiten, mit denen die Ergebnisse Kopf bzw. Zahl eintreten, verändert wurden.

KAPITEL 4

Bild 4-1 Verbogene Münze[4]

Etwas schwerer ist die Erkenntnis, dass die konkave Seite, in diesem Fall Kopf, nun häufiger eintreten wird.[5]

Wie stark dieser Effekt ist, vermag man theoretisch dann berechnen können, wenn man genaue Angaben über die Verbiegung und die Beschaffenheit der Münze erhält – und über umfangreiche Physikkenntnisse ver-

---

[4] Bildnachweis verbogene Münze: ©Michael Niestedt/ DER SPIEGEL

[5] Um dies einzusehen, überlege man wie folgt: Wenn man die Münze so extrem verbiegt, dass sie nur noch ein Röllchen darstellt, kann die innere Seite (Kopf) gar nicht mehr den Boden berühren, sie liegt immer „oben". Die Münze kann also nicht mehr Zahl zeigen.

fügt. Eine solche theoretische Berechnung ist jedoch für uns hier belanglos.

Belanglos ist jedoch nicht das folgende Angebot:

Angebot 1: Spiel mit verbogener Münze

Auszahlung:
Kopf: 2-facher Einsatz
Zahl: 2-facher Einsatz

Die Bank bietet wieder an, auf Kopf oder Zahl der verbogenen Münze zu setzen.

Im ersten Fall irrt die Bank - sie erkennt nicht, dass die Münze verbogen ist, deshalb lobt sie wieder die Quote 2 für jede Seite aus, also der Verdopplung des Gewinnes im Erfolgsfall.

Dann werden Sie nach den Überlegungen zuvor sicherlich in das Spiel einwilligen und die favorisierte Seite Kopf wählen. Die Begründung dafür ist einfach: Sie gewinnen häufiger als Sie verlieren, der häufigere Gewinn überwiegt also den seltenen Verlust. Sie haben damit eine Wette mit positivem Erwartungswert, die Bank jedoch eine Wette mit negativem Erwartungswert.

KAPITEL 4

Sollte der Spieler diesen Irrtum der Bank nicht erkennen und auf Zahl setzen, dann hat er den negativen Erwartungswert, die Bank den positiven – der Spieler verliert langfristig.

Nun gehen wir aber davon aus, dass die Bank die Verbogenheit der Münze und deren Folgen erkennt, und nicht irrt. Um die geringere Wahrscheinlichkeit der Zahlseite auszugleichen, verändert die Bank die Quoten: Die Zahlseite erhält eine höhere Auszahlungsquote, wenn sie eintritt, die Kopfseite eine niedrigere.

Sagen wir, die Bank bietet Folgendes an:

Angebot 2: Spiel mit verbogener Münze
Kopfseite: Auszahlung: 1,25-facher Einsatz
Zahlseite: Auszahlung: 5-facher Einsatz

Für welche Seite entscheiden Sie sich? Die Kopfseite erscheint häufiger, aber im Erfolgsfall haben Sie nur einen geringen Gewinn.

Die Zahlseite verspricht einen hohen Gewinn, aber sie erscheint seltener.

Wann würden wir bei diesem Spiel sagen, dass es fair ist, d. h., es ist egal, ob ich Zahl oder Kopf nehme? Anders ausgedrückt: Wenn man „lange genug" spielt, dann verliert man nichts und gewinnt auch nichts, egal welche Seite man wählt.

Die Quote der Zahlseite von 5 besagt, dass Sie den 5-fachen Einsatz im Erfolgsfall erhalten. Es genügt also, wenn Sie jedes 5. Mal gewinnen.

Die Zahlquote ist also fair, wenn in 1/5 = 20 % der Fälle die Zahlseite erscheint.

Umgekehrt: Sie gewinnen immer das 0,25-fache = 1/4 Ihres Einsatzes, wenn Sie Kopf wählen und dabei gewinnen. Wenn Sie vier Mal gewinnen, haben Sie Ihren Einsatz verdoppelt – es ist also fair, wenn Sie dann beim fünften Mal einmal verlieren. 1/5 der Fälle verlieren Sie, also 4/5 gewinnen Sie. 4/5 sind 80 %. Die Wahrscheinlichkeit für die Kopfseite müsste also 80 % betragen, dann ist sie fair für die Quote 1,25.

Man könnte dies unter einem anderen Blickwinkel betrachten:

Bei den vorgegebenen Quoten durch die Bank im Beispiel 2, kann man 4 Euro auf Kopf setzen, und einen Euro auf Zahl. Dies ist das analoge Verhalten wie im Spiel mit der unverbogenen Münze, wenn man auf beide Seiten 1 € setzt.

KAPITEL 4

Wenn die Zahlseite erscheint, erhalte ich fünfmal meinen Einsatz von 1€ – die 4 € aus der Wette mit der Kopfseite sind hingegen verloren. Ich habe nach dem Spiel wieder 5 €.

Im Falle des Ereignisses Kopf streiche ich das 1,25-fache meiner 4 € Einsatz ein – macht wieder 5 €.

Man gewinnt nichts! Die Verluste der einen Seite gleichen den Gewinn für die andere Seite aus. Wenn die Münze so verbogen wurde, dass sie in 4/5 = 80 % der Fälle auf Kopf zum Liegen kommt, und 1/5 der Fälle auf Zahl, ist das Spiel mit diesen Quoten fair. Der Erwartungswert für den Gewinn bei diesem Spiel ist wieder Null.

Wenn wir annehmen, dass die Wahrscheinlichkeit der Münze Kopf zu zeigen, größer ist als 80 %, sagen wir 90 %, dann würde es sich sicherlich lohnen, wieder auf Kopf zu setzen. Die Wahrscheinlichkeit für die Zahlseite schrumpft dann auf 10 %.

Gehen wir von zehn Spielen aus, in denen – wie die Wahrscheinlichkeit angibt – neun Mal Kopf und einmal Zahl geworfen wird:

Der Spieler, der die Kopfseite gewählt hat, gewinnt in neun von zehn Fällen 1,25 €, also 9 x 1,25 = 11,25 €. Er besitzt nach zehn Spielen immerhin 1,25 € mehr als die 10 €, die er eingesetzt hat. Ein positiver Erwartungswert!

Der Spieler, der in diesem Fall auf Zahl gesetzt hat, gewinnt nur in einem der zehn Fälle, dies mit einer Quote von 5: Er besitzt also 5 € nach zehn Spielen – ein Verlust von 5 €, da er zehn Mal 1 € setzen musste.

Sein Erwartungswert für zehn Spiele ist negativ, nämlich minus 5 €, bezogen auf ein Spiel ergäbe sich ein Erwartungswert von minus 0,5 €.

Zusammenfassung für das Spiel mit der verbogenen Münze:

1. **Auch wenn die möglichen Ereignisse unterschiedliche Eintrittswahrscheinlichkeiten besitzen, kann man Quoten finden, die das Spiel fair werden lassen, d. h., dass man für den Gewinn einen Erwartungswert von Null erhält.**

2. **Wenn man die Quoten und die Wahrscheinlichkeiten für die zugehörigen Ereignisse kennt, dann kann man berechnen, wie groß der Erwartungswert für dieses Ereignis ist. Insbesondere, ob der Erwartungswert für ein Ereignis bei der vorgegebenen Quote positiv oder negativ ist.**

KAPITEL 4

Es versteht sich von selbst, dass ein Spieler daran interessiert sein muss, auf Ereignisse zu setzen, die einen positiven Erwartungswert besitzen, dann gewinnt er langfristig, bei einem negativen Erwartungswert verliert er.

Im Anhang 2 habe ich kurz erläutert, wie man solche fairen Quoten zu vorgegebenen Wahrscheinlichkeiten findet, derzeit ist das aber ohne Belang.

Eine Sportwette ist nichts anderes als ein Spiel mit einer Münze, die unter Umständen verbogen ist: Sie setzen auf ein Ereignis, für das eine Quote ausgelobt worden ist, etwa, dass Team A in einem Sportereignis gewinnt.

Tritt das Ereignis ein, so erhalten Sie den Einsatz multipliziert mit der Quote.

Tritt das Ereignis nicht ein (das Gegenereignis: Team A gewinnt nicht), so verlieren Sie Ihren Einsatz.

Der Leser wird nun begierig sein, zu erfahren, wie man berechnen kann, wie groß die Wahrscheinlichkeit eines Sportereignisses ist, sagen wir, dass Team A in der morgigen Begegnung gewinnt. Ich muss Sie enttäuschen:

Die Wahrscheinlichkeit für das nächste Sportereignis auszurechnen, ist vollkommen unmöglich – für Sie als Wettfreund und auch für den Wettanbieter! Aber eine

Möglichkeit, die Wahrscheinlichkeit einer verbogenen Münze zu bestimmen, sollte jedem klar sein.

Die meisten von Ihnen werden relativ schnell folgendes Konzept vorschlagen, um die Wahrscheinlichkeiten zu bestimmen:

Man muss die Münze oft genug werfen, und die Ergebnisse in einer Tabelle festhalten. Wenn die Münze etwa 1.000 Mal geworfen wird, und z. B. 800 Mal Kopf erscheint, so wird man das Verhältnis von 800 zu 1000 berechnen (= 800:1000) und in den Taschenrechner eingeben. Als Ergebnis erhält man 0,8 oder in Prozent ausgedrückt: 80 %.

Analog sind 200 Mal Zahl bei 1.000 Würfen 20 %.

Hier erkennen Sie sicherlich den Unterschied eines Münzwurfes zu einem Sportereignis: Einen Münzwurf kann man sehr schnell in kurzer Zeit beliebig oft wiederholen. Ein Sportereignis nicht.

Es gibt also keine Möglichkeit, im Vorfeld ein bevorstehendes Sportereignis sehr oft durchzuführen und damit die Wahrscheinlichkeit der Ereignisse zu erfahren. Dies ist für den Spieler recht frustrierend – kann aber gerade seine Chance sein, weil der Wettanbieter ebenfalls dieser Möglichkeit beraubt ist. Der Wettanbieter kann sich irren, und daraus folgt eine wichtige Erkenntnis:

KAPITEL 4

Es ist also möglich, dass der Wettanbieter Quoten anbietet, die zu hoch oder zu niedrig für die Wahrscheinlichkeit des Ereignisses sind.

<u>Fundamentalsatz für Wettfreunde:</u>

Wenn der Wettanbieter sich irrt und zu hohe Quoten für ein Ergebnis anbietet, dann kann es Spielern gelingen, Gewinne zu erzielen in dem er auf die Ereignisse setzt, die eine zu hohe Quote besitzen.

Bevor wir uns der Frage zuwenden, wie man ermittelt, welche Quote der Wettanbieter zu hoch angesetzt hat – dies geschieht im Kapitel 9 –, erkläre ich das Gegenteil: Warum sind (fast) alle Quoten zu niedrig, sodass die Spieler (fast) ausnahmslos verlieren?

KAPITEL 5

Warum verlieren die Sportwetter so häufig?

Welche Quote würde uns ein Wettanbieter anbieten, wenn wir eine unverbogene Münze voraussetzen?

Die fairen Quoten habe ich Ihnen genannt. Für beide Seiten muss die Quote 2 sein.

Kein Wettanbieter kann aber langfristig mit dem Erwartungswert 0 Wettquoten für Sportereignisse anbieten.

Der Wettanbieter muss seine Kosten decken, etwa sein Personal bezahlen und die Werbung finanzieren. Außerdem ist ein Wettanbieter ein ganz normaler Dienstleistungsbetrieb, der Gewinne erwirtschaften will.

Deshalb wird der Wettanbieter die Quoten für den Münzwurf etwas reduzieren müssen und eine dem Angebot 0 abgewandelte Quote anbieten. Im Spiel mit der unverbogenen Münze würde ein Wettangebot auf den normalen Münzwurf etwa wie folgt aussehen:

Abwandlung Angebot 0:
Spiel mit unverbogener Münze
Auszahlung:
Kopfseite: 1,9-facher Einsatz
Zahlseite: 1,9-facher Einsatz

Im Fall der gleich wahrscheinlichen Ereignisse ist der **negative** Erwartungswert für den Spieler offensichtlich.

Man überlege wieder: Wenn ich auf jede Seite 1 € setze, dann habe ich insgesamt 2 € gesetzt. Ich erhalte aber nur 1,90 € wieder zurück – egal welches Ereignis eintritt. Also hat der Spieler 0,10 € verloren. 0,10 € von seinem 2 €-Einsatz sind 5 % des Einsatzes. Der Erwartungswert liegt also bei minus 5 % des Einsatzes, -5 % = -0,05.

Würden Sie unter diesen Bedingungen gegen die Bank spielen? Wahrscheinlich nicht.

Wenn Sie das Spiel dennoch spielen möchten: Legen Sie dieses Buch spätestens jetzt weg! Sie haben sicherlich andere Qualitäten als im Glücksspiel Geld zu verdienen!

KAPITEL 5

Der negative Auszahlungsbetrag im Fall zweier gleich wahrscheinlicher Ereignisse ist offensichtlich. Egal, für welche Seite die Spieler sich entscheiden, wenn sie lange genug spielen, schlägt der negative Erwartungswert durch!

Auch im Fall der verbogenen Münze ist es dem Wettanbieter möglich, auf jeden Fall einen negativen Erwartungswert für den Spieler zu generieren:

Abwandlung Angebot 2 :
angenommene Wahrscheinlichkeit Kopfseite: 80 %
angenommene Wahrscheinlichkeit Zahlseite: 20 %
Kopfseite: Auszahlung 1,21-facher Einsatz
Zahlseite: Auszahlung 4,44-facher Einsatz

Würden Sie spielen? Es gibt sicherlich viele Spieler, die hier spielen würden, eben „Spielernaturen", die nicht rechnen.

Nach der Betrachtung des Angebotes 2 aus dem vorherigen Kapitel muss jedoch Folgendes klar sein:

Wenn die Quoten 1,25 für Kopf und 5 für Zahl bei den vorgegebenen Wahrscheinlichkeiten fair sind, dann sind die Quoten von 1,21 und 4,44 dies mit Sicherheit nicht!

Beide Quoten sind niedriger. Der Spieler wird langfristig verlieren, er hat bei dem Spiel einen negativen Erwartungswert, egal für welche Seite er sich entscheidet.

Die Quoten sind zu niedrig für die angegebenen Wahrscheinlichkeiten der Ereignisse Kopf oder Zahl.

Kein Wettanbieter kann langfristig überleben, wenn er Wetten mit einer Marge Null anbietet. Deshalb muss jeder Wettanbieter die Auszahlungsquoten so ansetzen, dass er bei der Wette einen Gewinn erwirtschaftet. Ein Gewinn in einer Wette ist ein positiver Erwartungswert für den Wettanbieter – und hat automatisch einen negativen Erwartungswert für den Spieler zur Folge.

Dieser Gewinn des Wettanbieters wird auch Marge genannt.

Ein guter Schätzwert bei **Hauptwetten in Sportereignissen mit hoher Popularität** ist eine Marge = Gewinneinbehalt von ca. 5 %.

Diese 5 % Marge will ich im Folgenden voraussetzen.

Wie man die Marge des Wettanbieters für eine spezielle Wette genau ausrechnet, habe ich in Anhang 2 erläutert.

Die Begriffe „Hauptwetten" und „hohe Popularität" werden in Kapitel 7 noch weiter erörtert, doch für deutsche Spieler ist noch Folgendes von Belang:

KAPITEL 5

Die Wettsteuer

Wir ändern das Spiel mit der Münze nun noch ein wenig ab: Der Spieler spielt wieder wie bisher mit der Bank, aber es kommt nun noch zusätzlich das Finanzamt ins Spiel: Ein Beamter stellt sich neben den Spielenden und fordert für jeden Gewinn, den der Spieler erhält, 5 % Steuer. Soll heißen: Der Spieler muss von jedem Gewinn[6], den er von der Bank erhält, auch noch 5 % Wettsteuer bezahlen.

Aus der Sicht des Spielers wird damit der Erwartungswert für sein Spielen noch stärker negativ. Neben der 5 % Marge, die der Wettanbieter einstreicht, kommen weitere 5 % Wettsteuer hinzu. Vereinfacht gesagt, verliert der Spieler damit 10 % seines Wetteinsatzes.

In genau dieser Situation befindet sich jeder deutsche Spieler, der Sportwetten abschließt. Auf das Spiel mit der Münze übertragen bedeutet dies: Sie erhalten im Erfolgsfall nur 1,80 € statt bisher 2 €. 0,10 € behält „im Durchschnitt" das Finanzamt, 0,10 € der Wettanbieter.

Spielen Sie noch dieses Spiel mit der unverbogenen Münze?

---

[6] Die Steuer nicht nur auf den Gewinn, sondern sogar auch noch auf den Einsatz fällig!

Ich gehe davon aus, dass niemand von Ihnen zu diesen Bedingungen das Spiel spielen möchte! Aus der Sicht eines Spielers ergibt sich damit für deutsche Wettfreunde folgende traurige Erkenntnis:

Faustregel für den Erwartungswert von Sportwetten aus Sicht eines deutschen Wettfreundes: In einer Sportwette besitzt der Spieler einen negativen Erwartungswert von ca. 10 % des Einsatzes. Für diese Faustregel beziehe ich mich auf die Hauptwetten populärer Sportereignisse.

Es gibt fünf Möglichkeiten, die einen Spieler in die Lage versetzen, langfristig bei Sportwetten einen Gewinn zu erwirtschaften. Jeder Möglichkeit sei ein eigenes Kapitel gewidmet:

1. Annahme von Werbeaktionen der Wettanbieter, sog. „Promotionen"   -> Kapitel 6
2. Vermeidung von Wetten mit hoher Marge für den Wettanbieter   -> Kapitel 7
3. Wettanbietervergleich bei den Quoten   -> Kapitel 8
4. Anfertigung, Betrachtung und Deutung einer eigenen Statistik   -> Kapitel 9
5. hervorragender Sachverstand in Bezug auf die zu wettende Sportart   -> Kapitel 10

KAPITEL 5

Eine wirklich gute Rendite erhält man jedoch nur, wenn man möglichst viele dieser Möglichkeiten ausschöpft.

Es ist mein Ziel, Sie genau dazu zu befähigen.

Viele von Ihnen würden sicherlich gerne mit dem Kapitel 10 beginnen und nachlesen, wie man ein Experte in Ihrer favorisierten Sportart wird. Es tut mir leid: Wie ich eingangs erwähnte, ich bin selbst in keiner einzigen Sportart ein Experte. Ich wette jedoch selbst auf die erste Basketballliga in den USA, obwohl ich noch nicht einmal die Regeln von Basketball vollständig beherrsche, Ihnen wohl keinen einzigen aktiven Basketballspieler nennen könnte und noch nie ein Basketballspiel in voller Länge angesehen habe.

Offenbar muss man vor allem die Möglichkeiten 1 bis 4 beachten, um positive Ergebnisse zu erzielen. Ich bitte Sie deshalb zunächst: Lassen Sie Ihren Sachverstand erst einmal beiseite. **Wetten Sie aus mathematischer Sicht, nicht aus der Sicht eines Sportexperten!** Es wird sich für Sie lohnen!

KAPITEL 6

Promotionen – Eine Auflistung und deren Bewertung

Wenn Sie schon gewettet haben, so sind Sie auch sicherlich mit Promotionen (= Bonusaktionen oder auch kurz: Aktionen) konfrontiert worden. Man bietet Ihnen kleine Geschenke an, mit denen man Sie als Kunden bei Laune halten möchte, und die Sie als Kunden binden sollen. Diese Promotionen sind sehr hilfreich, wenn man sie richtig einsetzt. Aber leider sind sie nicht von Dauer. Ich bin bei drei Wettanbietern für Promotionen gesperrt, weil ich an diesen zu viel verdient habe. Wohlgemerkt: Ich habe die Erkenntnisse der nachfolgenden Kapitel damit kombiniert. Sie sollten nicht bei diesem Kapitel aufhören zu lesen.

Wie im vorherigen Kapitel erläutert, gehe ich in diesem Kapitel davon aus, dass der Erwartungswert einer normalen Wette -10 % beträgt. Dies ist ein guter Schätzwert, wenn Sie sich an einige Grundregeln halten, die nicht weiter schwierig zu befolgen sind. Er wird im folgenden Kapitel 7 noch modifiziert.

In diesem Kapitel wollen wir mit dem Schätzwert der Faustregel rechnen. Die Möglichkeiten, die sich für den Spieler aus den Kapiteln 7 bis 10 ergeben, begünstigen unsere Berechnungen für die Promotionen, sprich, unsere Überlegungen werden lediglich zu unseren Gunsten verschoben, wenn wir die Überlegungen aus Kapitel 6 mit einbeziehen.

Die folgenden Promotionen werden von vielen Wettanbietern auf ihren Wettseiten beworben und weisen oft nur geringfügige Änderungen auf, die aber für Sie sehr bedeutsam sein können. Ich möchte an dieser Stelle meine Ausführungen aus der Einleitung noch einmal wiederholen: Ein gründliches Lesen der Promotionsbedingungen in jedem Einzelfall ist ein unbedingtes Muss! Ich schreibe dieses Buch im Sommer 2019. Innerhalb der Zeitspanne, bis zu der Sie dieses Buch lesen, werden viele Promotionen nicht mehr angeboten werden, andere sind

KAPITEL 6

hingegen neu hinzugekommen. Ich kann Ihnen also weder eine einzelne aktuelle Promotion empfehlen, noch davon abraten, sondern Ihnen lediglich erläutern, wie man den Wert einer Promotion überschlagsmäßig berechnen kann.

Allen Promotionen sollte gemeinsam sein, dass sie den Erwartungswert von minus 10 % zumindest reduzieren oder sogar in das Positive wenden. Erst dann ist eine Promotion für den Spieler vorteilhaft.

Ich darf Ihnen im Vorfeld schon einmal mitteilen, dass einige der Promotionen im Extremfall sogar den Erwartungswert weiter ins Negative drücken. Diese sollten Sie natürlich unbedingt ablehnen bzw. nicht annehmen!

Die Liste ist nicht vollständig. Es gibt noch andere Promotionen, aber es werden die häufigsten behandelt und vor allem: Sie werden wahrscheinlichkeitstheoretisch berechnet, und in einfach verständlichen Regeln gebe ich Ihnen einen Leitfaden, wie man mit den einzelnen Promotionen umgehen sollte.

Zwei der wichtigsten Bedingungen bei den Promotionen möchte ich noch anmerken:

Zum einen ist die sog. „Mindestquote" zu nennen, die für fast alle Promotionen zu beachten ist. Sie kommen also nur in den Genuss der Promotion, wenn Sie

Wetten abgeben, die eine vorgegebene Quote besitzen, etwa die Mindestquote 2. Liegt die Quote unter diesem festgelegten Wert, dann wird Ihnen die Promotion nicht gewährt oder die abgegebene Sportwette zählt nicht für die Promotion.

Zum zweiten ist die Zeitspanne zu nennen, die für fast jede Promotion gilt: Wenn diese zu kurz ist, dann wird sie unattraktiv, denn es gibt nur relativ wenige Sportereignisse, die für den Wettfreund interessant sind. Einige Promotionen beziehen sich auf einzelne Ereignisse, nicht Zeitspannen. Etwa, dass es eine Gratiswette als Belohnung gibt, die live auf ein bestimmtes Ereignis zu setzen ist. Sie müssen dann also für diese Art der Promotion irgendwie während des bestimmten Ereignisses online sein und die Wette setzen, sonst verfällt sie.

Promotion 1: Willkommensbonus = Einzahlungsbonus = Neukundenbonus
Die häufigste Promotion der Wettanbieter

Die bekannteste Art von Promotionen ist wohl der sog. „Willkommensbonus", der einen Neukunden locken soll. Typisch ist der 100 %-Bonus, z. B. bis maximal 100 €, d. h.:

KAPITEL 6

Für die erste Einzahlung auf das Spielerkonto gewährt der Anbieter einen Bonus von 100 %, maximal 100 €.

Das ist ein gängiges Angebot für Neukunden.

Dies bedeutet: Wenn Sie 100 € einzahlen, dann erhalten Sie weitere 100 € gutgeschrieben, besitzen also ein Spielerkapital von 200 €.

Dieses Angebot würde so ziemlich jeder annehmen, wenn man sich das Spielerkapital unverzüglich und ohne zu wetten wieder auszahlen lassen könnte – 100 € schnell verdient.

Deshalb sind an dieses sogenannte „Bonusgeld" auch immer sogenannte „Umsatzbedingungen" geknüpft: Sie sind verpflichtet, eine gewisse Anzahl von Wetten mit dem negativen Erwartungswert zu spielen.

Eine typische Formulierung in den Bedingungen lautet dabei wie folgt:

„Sie müssen den Einzahlungs- und den Bonusbetrag 3x umsetzen, bevor Sie eine Auszahlung tätigen können."

Wie wirkt sich eine solche Bedingung auf den Erwartungswert der gesamten Wetten aus?

Der Einzahlungs- und Bonusbetrag sind jeweils 100 €, zusammen also 200 €. Sie müssen nun 3x 200 € = 600 € Wetteinsätze tätigen, bevor Sie eine Auszahlung veranlassen können.

Wenn Sie für 600 € wetten, dann verlieren Sie 10 % Ihres Wetteinsatzes. 10 % von 600 € sind 60 €.

Sie haben aber 100 € Bonusgeld erhalten. Also ist der Erwartungswert dieser Promotion 100 - 60 = 40 €. dies ist ein positiver Erwartungswert. Wenn Sie also die gesamten 600 € Wetteinsatz tätigen – **und nicht weiter wetten** –, dann haben Sie einen positiven Erwartungswert von 40 € Gewinn.

Dieser Betrag ist sozusagen das „Willkommensgeschenk" des Wettanbieters, entspricht jedoch nicht den 100 €, mit denen geworben wurde.

Verändern wir die Bedingungen geringfügig:

*„Sie müssen den Einzahlungs- und den Bonusbetrag **4x** umsetzen, bevor Sie eine Auszahlung tätigen können."*

Sie erhalten nun 4 x 200 = 800 € als minimalen Wetteinsatz. 10 % davon sind 80 €. 100 - 80 = 20. Der „Wert" dieses Einzahlungsbonus beträgt lediglich 20 €. Der Erwartungswert ist aber weiterhin noch positiv.

Wenn Sie gezwungen sind, 5x den Einzahlungs- und Bonusbetrag umzusetzen, so haben Sie einen Erwartungswert von Null. Oder anders ausgedrückt: Die Promotion ist nichts wert! Sie erkennen hier:

Regel 1 für Willkommensboni: Wenn der Einzahlungs- und Bonusbetrag mehr als 5x umgesetzt werden

KAPITEL 6

müssen, haben Sie einen negativen Erwartungswert. **Vermeiden Sie solche Bonusangebote!**

Ich habe auf der Suche nach guten Bonusangeboten sogar Bedingungen gelesen, in denen man verpflichtet wurde, 30x den Einzahlungs- und Bonusbetrag umzusetzen. Solche Bedingungen haben zur Folge, dass man sein eingesetztes Kapital nahezu immer vollständig verliert.

Varianten der Bedingungen

Variante 1:
Die Umsatzbedingungen sehen bisweilen ein wenig anders aus: Es wird nur verlangt, den Bonusbetrag umzusetzen. Dies ist grundsätzlich für den Spieler besser als die vorherigen Betrachtungen.

„Der Bonusbetrag muss 5x umgesetzt werden."

Wie groß ist der Wert dieser Promotion? Sie müssen jetzt nur noch 100 € mit der Umsatzanzahl 5 multiplizieren:
5 x 100 = 500.
10 % Verlust von 500 ergibt 50. Damit ergäbe sich ein positiver Wert von 50 €.

Variante 2:
„Sie müssen zuerst den Einzahlungsbetrag 1x umsetzen, den Bonusbetrag dann 5x."

1x Einzahlungsbetrag = 100 €
5x Bonusbetrag = 500 €
Gesamt: 600 €
Zu erwartender Verlust auf den geforderten Wetteinsatz: 10 % von 600 €.
Wert der Promotion: 100 - 60 € = 40 €.

Variante 3:
*„Sie müssen **zuerst** den Einzahlungsbetrag 5x umsetzen, danach erhalten Sie einen Bonus von 100 €, den sie 1x umsetzen müssen."*

Man könnte jetzt analog zur Variante 2 rechnen:

5x Einzahlungsbetrag = 500 €
1x Bonusbetrag = 100 €
Gesamt: 600 €
Wert der Promotion: 40 €. Wie in Variante 2, aber das stimmt nicht!

Sie müssen nämlich folgendes bedenken: Sie müssen zuerst 5x mit Ihrem eigenen Echtgeld wetten. Dabei ist es relativ wahrscheinlich, dass Sie, bevor Sie die 500 € umgesetzt haben, Ihren Einsatz verspielt haben. Dann müssen Sie Geld nachschießen. Ihr Risiko wird dadurch beträchtlich erhöht!

<u>Regel 2 bei Willkommensboni:</u> Vermeiden Sie Angebote, in denen Sie zuerst den Einzahlungsbetrag mehr als 1x umsetzen müssen, um den Bonusbetrag gutgeschrieben zu bekommen!

Letztlich möchte ich noch Beispiele anführen, bei denen der Einzahlungsbonus nicht 100 %, sondern ein davon abweichender Prozentsatz ist:

Variante 4:
Ein 50 %-Einzahlungsbonus mit der Bedingung, dass drei Mal der Einsatz und der Bonusbetrag umgesetzt werden muss, berechnet sich dann wie folgt:

Einzahlungsbetrag: 100 € x 3 = 300 €
Bonusbetrag: 50 € x 3 = 150 €
Wetteinsatz: 450 €
Zu erwartender Verlust: 10 % von 450 € = 45 €.

Wert der Promotion: 50 € - 45 € = 5 €. Ein geringer Betrag, aber immer noch positiv.

Beispiel:
„200 % Einzahlungsbonus. Umsatzbedingungen: Einzahlungs- und Bonusbetrag müssen 4x umgesetzt werden."

100 € Einzahlung
200 € Bonus
300 € Wetteinsatz: 4 x 300 € = 1.200 €
10 % von 1.200 € = 120 €
Wert der Promotion: 200 - 120 = 80 €

Sie erkennen:
Der Prozentsatz des Einzahlungsbonus ist eine bedeutende Größe, aber die Umsatzbedingungen sind ebenso entscheidend!

Möchten Sie selbst die Erwartungswerte der Einzahlungsboni berechnen? Bitte, ich gebe Ihnen Übungsaufgaben:

a) Einzahlungsbonus 100 % bis maximal 100 €. Der Einzahlungsbetrag und der Bonusbetrag müssen 6x umgesetzt werden.

b) Einzahlungsbonus 50 % bis maximal 50 €. Der Einzahlungsbetrag muss 5x umgesetzt werden.

c) Einzahlungsbonus 150 % bis maximal 150 €. Der Bonusbetrag muss 5x umgesetzt werden.

Lösungen:

a) Einzahlungsbetrag 100 €
100 € Einzahlung
100 € Bonus
------
200 € x 6 = 1.200 €
zu erwartender Verlust: 10 % von 1.200 € = 120 €
Wert der Promotion: 100 - 120 = -20 €
Variante a) sollte man nicht annehmen.

b) Einzahlungsbetrag 100 €
Dieser muss 5x umgesetzt werden, also 500 €
Zu erwartender Verlust: 10 % von 500 € = 50 €
Wert der Promotion: 50 € - 50 € = 0 €

c) Einzahlungsbetrag: 100 €
Bonus: 150 %
Mindestwetteinsatz: 5x Bonus = 750 €
Zu erwartender Verlust: 10 % von 750 € = 75 €
Wert der Promotion: 150 - 75 € = 75 €
Die einzige Promotion, die einen positiven Wert besitzt, ist also die Promotion c).

Mit Hilfe dieses Kapitels sind Sie nun immerhin in der Lage, einen Willkommens- oder Einzahlungsbonus zu beurteilen. Es erscheint vielleicht für Sie nicht besonders attraktiv, dass Sie bei der Teilnahme einer solchen Promotion nur selten mehr als 40 € Erwartungswert erhalten, aber ohne diesen Bonus besitzen Sie einen negativen Erwartungswert und verlieren.

Wenn Sie weiter lesen, werden Sie noch Möglichkeiten finden, diesen Erwartungswert nach oben zu korrigieren. (Kapitel 8: Werden Sie ein Erbsenzähler!)

Etwa 1.000 € meines erspielten Gewinnes gehen auf solche Einzahlungsboni zurück – mehr nicht!

KAPITEL 6

Promotion Nr. 2: „Gratiswetten"

Neben dem Willkommensbonus gibt es einige Wettanbieter, die anstelle eines Bonusgeldes Gratiswetten (= Freebet = Freiwette) als Neukundenangebot offerieren. Ein typisches Neukundenangebot sieht etwa so aus:

Aktion 1:
Neukundenbonus:

Für Ihre Einzahlung in Höhe von 100 € geben wir Ihnen eine 100 €-Gratiswette (oder z. B.: vier 25 €-Gratiswetten).

Viele Wettanbieter bieten zwischendurch auch Promotionen für Bestandskunden an, in deren Rahmen man sog. „Gratiswetten" erhalten kann. Eine typische Promotion dafür sieht in etwa so aus:

Aktion 2:
Setzen Sie 50 € oder mehr auf den ersten Spieltag der 1. Fußballbundesliga und Sie erhalten eine 25 €-Gratiswette – egal wie Ihre erste Wette ausfällt.

Die „Gratiswetten" aus Aktion 1 und 2 besitzen dabei eine Gemeinsamkeit: Der Einsatz der Gratiswette wird vom Wettanbieter einbehalten, der Gewinn ausbezahlt.

Wenn Sie also eine Gratiswette in Höhe von 10 € auf eine Quote von 2 setzen, so erhalten Sie statt 20 € lediglich 10 € (minus der Wettsteuer).

Setzen Sie auf eine Quote 4, so erhalten Sie 30 € statt 40 € usw.

Regel für die Berechnung des Gewinnes bei Gratiswetten:

Die Quote bei Gratiswetten ist um 1 zu reduzieren.

Zunächst möchte ich Ihnen den Geldwert einer solchen Gratiswette wirtschaftlich-mathematisch abschätzen.

Da Sie den Einsatz der Gratiswette nicht ausgezahlt bekommen, ist eine Gratiswette weniger wert als Echtgeld.

Dabei sollten Sie die Gratiswette niemals auf eine niedrige Quote setzen: Wenn Sie einen Einsatz von 10 € auf eine Quote von z. B. 1,25 setzen, so beträgt der Gewinn lediglich 2,50 €. Sie verlieren also durch die Gratiswetten-Besonderheit 10 € von 12,50 €, das sind 80 % des Wertes der gewonnenen Wette.

Wenn Sie jedoch auf eine Quote von 5 setzen, so erhalten Sie 40 € statt 50 €. Sie verlieren also nur 20 % der gewonnenen Wette. Je höher die Quote, desto niedriger der Verlust, wenn Sie gewinnen.

KAPITEL 6

Gratiswetten-Regel:
Bei einer Gratiswette sollten Sie auf hohe Quoten (= Außenseiter) setzen, nicht auf Favoriten (niedrige Quoten).

Vorgeschlagene Wettgewohnheit:
Ich habe mir angewöhnt, Gratiswetten auf Quoten von ca. 5 zu setzen. Damit berechnet sich der tatsächliche Wert einer Gratiswette auf ca. 80 % des vom Anbieter angegebenen Wertes.

Dass ich Quoten von weit über 5 vermeide, trägt einer anderen Regel Rechnung, die im nächsten Kapitel 7 aufgestellt wird: Die „Krasse-Außenseiter-Regel".

Ich werde im Folgenden mit dem 80 %-Wert meiner Angewohnheit rechnen.

Wir berechnen nun den Erwartungswert der beiden Aktionen:

Bei Aktion 1 bin ich verpflichtet, 100 € zu setzen. Mit dem Erwartungswert von -10 % habe ich 10 € Verlust.

Dafür erhalte ich eine 100 €-Gratiswette, die bei meiner Wettangewohnheit 80 € wert ist.

Damit liegt der Erwartungswert für die gesamte Aktion 1 bei positiven 70 €. Wenn Sie dies mit den Neukundenangeboten mit Bonusgeld vergleichen, sehen Sie, dass dies ein sehr guter Wert ist.

Bei Aktion 2 verliere ich zunächst im Erwartungswert 10 % von 50 €, also 5 €.

Dafür erhalte ich eine 25 €-Gratiswette, die mit 80 % ihres Werte berechnet wird: 80 % von 25 = 20 €.

Ich habe also einen positiven Erwartungswert von 20 - 5 = 15 €. Die Aktion lohnt sich also.

Weitere Beispiele aus Gratiswetten:

Aktion 3:

Setzen Sie 20 € auf das Pokalfinale und Sie erhalten eine 5 €-Gratiswette.

Der Verlust aus der ersten Wette sind 10 % von 20 € = 2 €.

Der Gewinn der Gratiswette liegt bei 80 % von 5 €, beträgt also immerhin 4 €.

Damit erhalten wir einen positiven Erwartungswert von 4 - 2 = 2 € – nicht viel, aber immer noch positiv.

KAPITEL 6

Aktion 4:
Setzen Sie 20 € auf das Pokalfinale und **falls Sie nicht gewinnen,** erhalten Sie eine 10 €-Gratiswette.[7]

Der Zusatz „falls Sie nicht gewinnen", macht die Sache weniger attraktiv, ist aber bei einigen Wettanbietern durchaus üblich.

Welche Überlegungen muss ich anstellen, wenn ich hier den maximalen Erwartungswert erhalten will?

Das Besondere bei dieser Aktion ist, dass ich einen Verlust der ersten Wette leichter verschmerzen kann als bei einer normalen Wette, da man im Verlustfall ja die Gratiswette als Trostpflaster erhält.

Also sollte ich mir für die erste Wette auf das Pokalfinale eine Quote aussuchen, die relativ hoch ist – damit erhalte ich mit höherer Wahrscheinlichkeit meine Gratiswette. Wenn ich meine Gratiswette nicht erhalte, dann habe ich ja den hohen Gewinn aus der Hauptwette.

Der Wert dieser Aktion ist zunächst einmal wieder der Verlust aus der Hauptwette, also 10 % von 20 € = -2 €.

---

[7] Diese Aktion ist bei anderen Wettanbietern mit dem Titel „Trustbet" oder dem sog. „risikolosen Wetten" benannt.

Demgegenüber steht die Gratiswette in Höhe von 10 € mit einem Wert von 0,8 x 10 € = 8 €.

Dieser muss aber noch modifiziert werden mit der Wahrscheinlichkeit für den Erhalt, also mit der Wahrscheinlichkeit des Verlustes der Hauptwette.

Fall 1: Wenn die Wahrscheinlichkeit für den Verlust der Hauptwette 50 % beträgt, so ist die Gratiswette nur noch die Hälfte wert, also 4 €.

Fall 2: Wenn die Wahrscheinlichkeit für den Verlust jedoch 80 % beträgt, so vermindert sich der Wert der in Aussicht gestellten Gratiswette nur um 20 %, der Wert ist dann immerhin 6,40 € statt 4 €. Wir erhalten als Erwartungswert im Fall 1 lediglich 2 €, im Fall 2 jedoch 4,40 €.

Fall 3: Sollten Sie auf den Favoriten setzen, der mit einer Wahrscheinlichkeit von 90 % quotiert ist, so schrumpft der Wert der Gratiswette auf 0,80 €. Sie erhalten nur mit 10 %-iger Wahrscheinlichkeit eine Gratiswette, deren Wert 8 € beträgt. Damit ist der Erwartungswert der Aktion negativ (0,8 - 2 € = -1,20 €).

KAPITEL 6

Wenn Sie so wetten, verlieren Sie trotz der Promotion! Wenn Sie also viel Geld verdienen möchten, müssen Sie sich wie im Fall 2 verhalten und Ihre erste Wette auf Quoten setzen, die relativ hoch sind.
Wir können also festhalten:

<u>Gratiswette-bei-Verlust-Regel:</u>
Wenn die Gratiswette an eine Bedingung des Verlustes der ersten Wette geknüpft ist, dann sollten Sie in der ersten Wette auf den Außenseiter setzen.

Seltener gibt es die Gratiswette zusätzlich zu einem Gewinn. Dann ist es umgekehrt: Sie sollten dann auf den Favoriten setzen. Die hohe Wahrscheinlichkeit, nicht nur die niedrige Quote, sondern auch noch zusätzlich die Gratiswette zu ergattern, macht den Favoriten nun einmal besonders attraktiv.

<u>Antigon zur Gratiswette-bei-Verlust-Regel:</u>
Ist der Erhalt der Gratiswette an den Gewinn der ersten Wette gekoppelt, so setzen Sie auf den Favoriten.

Analog zu den Fallstricken bei den Einzahlungsboni gilt es auch hier bei manchen Wettanbietern Obacht zu geben:

Aktion 5:
Zahlen Sie 100€ ein **und setzen Sie den Einzahlungsbetrag 5x um**, dann erhalten Sie eine 100 € Gratiswette.

Wie bei den Einzahlungsboni bereits erläutert: Die fünffache Umsatzbedingung kostet Sie einmal einen ordentlichen Teil an Rendite! Von den 80 € Wert, den die 100 € Gratiswette besitzt, sind nun bereits 50 € (10 % von 500 €) verloren. Zusätzlich gibt es wieder das Problem: Es ist gut möglich, dass Sie Ihre 100 € Einzahlungsbetrag vor Erreichen der Umsatzbedingung verlieren, dann erhalten Sie keine Gratiswette oder müssen neu Geld einzahlen. Also, diese Pomotion meiden!

Ist Ihnen auch schon aufgefallen, dass Sie in Promotionen oft zu Kombinationswetten gedrängt werden? Das hat seinen Grund, ich erläutere zuerst einmal den Begriff Kombinationswette, bevor ich einige Promotionen erklären und berechnen kann.

Einschub: Das Wesen von Kombinationswetten

Bestandskunden werden häufig zu Kombinationswetten gedrängt, indem diese Kombinationswetten mit Promotionen – wie etwa Gratiswetten – verknüpft werden.

KAPITEL 6

Ich erläutere zunächst den Mechanismus einer Kombinationswette, bevor ich mich einer solchen Promotion in Aktion 6 zuwende.

Bei Kombinationswetten werden mehrere Wetten zu einer einzigen Wette zusammengefasst. Sie setzen in der Regel nicht auf ein Sportereignis, sondern auf zwei oder mehr unterschiedliche Sportereignisse, die normalerweise vollkommen unabhängig[8] voneinander sind.

Eine Kombiwette mit zwei Einzelwetten sieht dann etwa wie folgt aus:

Wette 1: Spieler A gewinnt beim Tennis heute in Match 1 ***und zugleich***

Wette 2: Team C gewinnt beim Basketball morgen die Begegnung 2.

---

[8] Der Begriff der Unabhängigkeit ist ein mathematischer Fachbegriff, der in diesem Buch nicht weiter diskutiert werden soll. Ich bitte den mathematisch versierten Leser, dies zu verzeihen. Umgangssprachlich könnte man Unabhängigkeit etwa wie folgt beschreiben: Die beteiligten Ereignisse haben nichts miteinander zu tun, sie bedingen sich nicht gegenseitig.

Sie gewinnen Ihre Kombinationswette nur, wenn beide Wetten 1 und 2 gewonnen werden. Sollten Sie nur eine oder auch beide Wetten verlieren, dann ist die Kombinationswette und damit Ihr Einsatz verloren.

Die Quoten für Kombinationswetten multiplizieren sich!

Ist die Quote für die Einzelwette bei Wette 1 etwa 2,5, die für Wette 2 beispielsweise bei 4, so errechnet sich die Quote der Kombinationswette: 2,5 x 4 = 10

Sie können also die Quoten richtig in die Höhe schnellen lassen, wenn Sie sich für Kombinationswetten entscheiden.

Aber leider müssen Sie auch folgendes bedenken:

Die Wahrscheinlichkeit, eine Kombinationswette zu gewinnen, ist leider deutlich nach unten gesunken:

Die Wahrscheinlichkeiten der einzelnen Wetten multiplizieren sich ebenso wie die Quoten: Wenn für Wette 1 die Wahrscheinlichkeit 40 % beträgt – das wäre die faire Wahrscheinlichkeit zur Quote 2,5 – und die Wahrscheinlichkeit für die Wette 2 analog bei 25 % liegt, so müssen Sie 0,4 x 0,25 = 0,1 = 10 % rechnen, um die Wahrscheinlichkeit für den Gewinn der Kombiwette zu erhalten.

Nun habe ich in dieser ersten Rechnung in beiden Wetten 1 und 2 faire Quoten angenommen. Sie wissen jedoch bereits, dass der Wettanbieter für **jede Wette** eine Marge ansetzt, also die Wahrscheinlichkeit für den Gewinn einer jeden Wette geringer ist als die Quote angibt, wir rechnen bekanntlich mit 5 %.

Das Problem bei Kombinationswetten ist, dass Sie pro Einzelwette, aus der die Kombination besteht, 5 % Marge berechnen müssen.

Jedoch fällt nur einmal die Wettsteuer an. Wenn Sie eine 2er Kombinationswette setzen, so haben Sie in etwa einen negativen Erwartungswert von -15 % statt -10 % bei einer Einzelwette.

Ich erwähne diese Art der Promotionen hier an dieser Stelle, weil sie relativ häufig von Wettanbietern aus gutem Grund angeboten werden. Wie oben erwähnt, vervielfacht sich die Marge für den Wettanbieter, obwohl sich der Wetter darüber nicht im Klaren ist. Deshalb rate ich Ihnen, eine 2er Kombination mit rund 15 % Verlust zu berechnen, eine 3er Kombination mit rund 20 % Verlust, usw.

<u>Überschlags-Verlust-Regel für Kombiwetten:</u>
Pro aufgenommene Wette berechnen Sie einen Verlust von 5 % plus einmal 5 % Steuer. Kombinationswetten sollte man normalerweise meiden.

Eine Kombinationswette kann dennoch Sinn machen. Dies erläutere ich später in Kapitel 8 und unter einem anderen Aspekt noch einmal in Kapitel 9. Ich erkläre dann auch, warum Kombinationswetten für Spieler, die bereit sind, sich lange und umfangreich mit der Materie zu befassen, der Turbo der Gewinne sind. Für einen Sportwetter ohne eigene statistische Erfahrung gilt zunächst:

Vorläufiges Ergebnis: Einzelwetten vor Kombiwetten
Wir wenden uns nun einer typischen Promotion zu, die eine Kombinationswette mit einer Gratiswette verknüpft und berechnen deren Wert.

Aktion 6:
Setzen Sie 50 € oder mehr in einer Kombinationswette auf den 2. Spieltag und Sie erhalten eine 50 %-Gratiswette (maximal 25 €).

Wenn Sie 50 € in einer 2er Kombiwette setzen, so haben Sie zunächst 15 % von 50 = 7,50 € Verlust.

Die 25 €-Gratiswette besitzt nach unserer Faustformel einen Wert von 80 % von 25 = 20 €.

Damit erhalten Sie einen positiven Erwartungswert von 20 - 7,50 € = 12,50 €.

KAPITEL 6

Setzen Sie jedoch eine 8er Kombination, so haben Sie nach meiner Faustformel 45 % von 50 €= 22,50 € Verlust für die Hauptwette.

Dem steht ein Gratiswettenwert von 20 € gegenüber. Der Erwartungswert wäre dann also negativ!

Promotion Nr. 3: Cashback

Einige Wettanbieter werben recht kreativ damit, dass sie im Verlustfalle einen Teil des Verlustes wieder zurückerstatten. Dies wird zumeist als „Bonusgeld" erstattet und ist wieder an Umsatzbedingungen geknüpft.

Im besten Fall verwandelt sich das Bonusgeld nach einmaligen Umsatz wieder in Echtgeld. Wenn ein mehrmaliger Umsatz verlangt wird, müssen Sie dies mit der Formel wie beim Neukundenbonus modifizieren, soll heißen: Für jeden Umsatz, den Sie tätigen müssen, 10 % abziehen, um den Wert des Bonusgeldes in Echtgeld umzuwandeln.

Cashback hat große Ähnlichkeit mit der Promotion „Gratiswette im Verlustfall", die in der Promotion 2 besprochen wurde. Nur besitzt Cashback noch eine weitere Besonderheit, die diese Promotion noch weniger attraktiv werden lässt: In der Regel wird der Verlust über einen größeren Zeitraum, zumeist einen Monat, gemessen. Die Verluste eines Monats erhalten Sie zu einem gewissen Prozentsatz, etwa 20 %, zurück.

Wenn Sie auf diese Promotion spekulieren, dann sollten Sie wie folgt verfahren: Sie sollten, unabhängig davon, ob Sie Gewinn oder Verlust gemacht haben, nach der ersten Wette aufhören zu wetten – Bzw. nach der geringst möglichen Anzahl von Wetten, die einen Cashback ermöglichen.

Die Begründung ist dafür einfach:

Wenn sie einen Verlust gemacht haben und Sie wetten weiter, dann haben Sie im Gewinnfalle der nächsten Wette Ihren Anspruch auf Cashback verloren. Damit haben Sie 20 % des Gewinns in der Praxis nicht gewonnen, weil Ihnen der Cashback-Anspruch verloren geht!

Haben Sie gewonnen, und wetten weiter, so sind die ersten Verlustwetten nicht cashback-berechtigt. Der Verlust innerhalb der Monatspanne erfolgt ja erst, nachdem Sie Ihren bisherigen Gewinn aufgebraucht haben. Der Vorteil der Promotion greift also nicht!

Zusammenfassend lässt sich sagen, dass ein 20 % Cashback nicht sonderlich attraktiv ist, vor allem dann nicht, wenn mehrere Wetten getätigt werden müssen und das Cashback-Geld noch mehrere Male umgesetzt werden muss.

KAPITEL 6

Selbst ein 50 % Cashback ist nur bedingt attraktiv, wenn die Anforderung besteht, dass z. B. mindestens fünf Wetten getätigt werden müssen, um in den Genuss des Cashback zu kommen.

Wenn Sie 100 € wetten, so verlieren Sie bekanntlich durchschnittlich 10 %, also 10 €.

Das Cashback-Geld beträgt in unserem Beispiel 20 %, wird aber nur im Verlustfalle ausgezahlt. Selbst wenn Sie auf einen Außenseiter gesetzt haben (vgl. die Gratiswette-bei-Verlust-Regel), sagen wir mit einer Quote von 5 und damit mit 80 % Wahrscheinlichkeit in den Cashback-Genuss kommen, so wird selbst bei einer günstigen einmaligen Umsatzanforderung aus 20 % Cashback zunächst 80 % von 20 € = 16 €.

Dies wird noch um 10 % reduziert, also bleiben lediglich 14,40 € übrig.

Dies macht für diese Promotion immer noch einen positiven Erwartungswert (14,40 € - 10 € = 4,40 €), jedoch ist der Erwartungswert für einen Einsatz von 100 € zu niedrig, als dass ich diese Promotion für sich alleine genommen empfehlen würde.

Sollte jedoch der Cashback bereits ausgezahlt werden, wenn Sie nur eine einzige Wette getätigt haben (noch einmal: Sie müssen die Bedingungen lesen und verstehen!), dann ist er vergleichbar mit einer Gratiswette im Verlustfall und damit hinreichend attraktiv, wenn Sie die Regeln für Gratiswetten im Verlustfall beachten.

Promotion Nr. 4: Erhöhte Quoten = Boosts

Viele Anbieter bieten bei ausgewählten Ereignissen sog. „erhöhte Quoten" auf Einzel- oder zumeist Kombinationsergebnisse an, die auch als „Boosts" bezeichnet werden.
Eine typische Boost-Anzeige ist z. B.:

Boost 1: Team A in Spiel 1 und Team B in Spiel 2 gewinnen beide.

oder:

Boost 2: Team A gewinnt und Spieler X erzielt ein Tor.

Bei Boost 1 ist eine normale Kombinationswette entstanden.
Der Boost 1 noch relativ einfach zu berechnen: Die Quote sollte dabei das Produkt der Einzelergebnisse sein. Wenn sie höher ist, was normalerweise der Fall ist, dann

KAPITEL 6

hat der Wettanbieter tatsächlich ein paar Prozent drauf gelegt. Wenn die normale Quote für Team A in Spiel 1 z. B. 2,5 beträgt, die Quote für Team B in Spiel 2 z. B. 1,5, dann würde sich die normale Quote der Kombinationswette wie folgt berechnen: 2,5 x 1,5 = 3,75.

Der Boost gibt dann eine erhöhte Quote her, etwa 4,25 statt 3,75.

Wenn Sie die Verlust-Regel für Kombinationswetten beachten, also dass Sie 15 % als Verlust abziehen müssen, dann erkennen Sie, dass sich in diesem Fall der Boost nicht lohnt! 15 % von 3,75 sind nämlich weniger als der Boost drauflegt: 0,15 x 3,75 = 0,5625 Verlust.

Der Quotenboost jedoch bringt nur eine Erhöhung von 0,5. Der Erwartungswert ist trotz des Boostes weiter negativ (0,5 - 0,5625 = -0,0625).

Erst wenn der Boost eine Quote von mehr als 4,31 erreicht, wird der Erwartungswert positiv!

Meine Prüfung von solchen Boosts ist zumeist noch etwas genauer: Ich kontrolliere bei **einem anderen Wettanbieter**, ob die Quoten für Team A und Team B miteinander multipliziert kleiner sind als die erhöhte Quote des Angebotes. Nach allem, was ich bislang erläutert habe, sollte dabei ein um mindestens 15 % erhöhter Wert herauskommen, denn eine 2er Kombinationswette besitzt zunächst einmal einen negativen Erwartungswert von ca. 15 %.

Während man noch relativ einfach erklären kann, wie man den Boost 1 berechnen kann, ist dies bei Boost 2 anders. Hier kann man den Erwartungswert nicht mehr mit schulmathematischen Methoden berechnen. Ich erspare mir dabei abermals größere Erklärungen, denn es liegt daran, dass die beiden Ereignisse „Spieler X erzielt ein Tor" und „Team A gewinnt" keine voneinander unabhängigen Ereignisse sind. Ein Tor von Spieler X beeinflusst offenkundig die Wette „Team A gewinnt" (wenn man voraussetzt, dass Spieler X in der Begegnung tatsächlich spielt).

Angebote mit den Zusätzen „Spieler X trifft" oder „Team A gewinnt nach Rückstand" oder „Team A gewinnt 1:0, 2:0 oder 3:0" oder ähnlichem, nehme ich normalerweise nicht an.

Der Grund für mein Verhalten ist einfach erklärt:

Obwohl ich über weit überdurchschnittliche mathematische Kenntnisse verfüge, bin ich nicht in der Lage, solche Angebote in angemessener Zeit zu überprüfen. Promotionen, die ich nicht in einer Überschlagsrechnung berechnen kann, nehme ich nicht an.

KAPITEL 6

Mag sein, dass mir dabei gute Angebote durch die Lappen gehen, aber solange ich „Geld verdienen" möchte, bin ich skeptisch, denn der Wettanbieter möchte dies mit mir und meinen Wetten auch. Wenn ein Angebot zu kompliziert ist, als dass ich es in einer Überschlagsrechnung als ein Angebot mit positivem Erwartungswert abschätzen kann, lasse ich es links liegen und verzichte darauf.

Für dieses Buch aber habe ich es mir zur Aufgabe gemacht, möglichst einfache Regeln für ein erfolgreiches Wetten aufzustellen, und dazu bin ich in diesen Fällen nicht in der Lage.

Promotion Nr. 5: Boost-Tokens

Einzelne Wettanbieter bieten sog. Boost-Tokens an.

Manche gewähren diese sogar ohne vorherige Bedingungen. Das könnte in etwa so aussehen:

Angebot 4: 1x pro Woche erhalten Sie einen 25 %-Boost auf den Gewinn einer Wette Ihrer Wahl mit einem maximalen Einsatz von 10 €.

Dieses Angebot ist relativ selten, sodass ich in Versuchung war, es zu überspringen und unter dem Zusatz „die Auflistung der Promotionen erhebt keinen Anspruch auf Vollständigkeit" zu verschweigen.

Aber ich möchte es dennoch erwähnt haben, weil es eine in der Regel sehr attraktive Promotion ist, die Sie in jedem Fall prüfen sollten – und im Falle eines positiven Erwartungswertes auch annehmen sollten!

Betrachten wir wieder den Wert einer solchen Promotion: Etwa im Fall, dass sie auf einen 5:1-Außenseiter setzen und im Fall, dass Sie auf einen 1:5-Favoriten (Quote: 1,25) setzen.

Wenn Sie auf den Außenseiter setzen, so erhalten Sie im Erfolgsfalle anstelle einer Quote von 5:1 eine Quote von 6:1: Ihr Gewinn in Höhe des vierfachen Einsatzes wird noch einmal um 25 % erhöht!

Anstelle von 50 € erhalten Sie 60 €.

Wenn Sie einmal den ursprünglichen Verlust von 10 % der Wette entgegenstellen, dann sehen Sie, dass es ein ziemlich lohnendes Geschäft ist. Eine Promotion für einen Außenseitersieg besitzt also einen positiven Erwartungswert!

Demgegenüber fällt die Favoritenwette ziemlich durch: Wenn Sie 10 € setzen, dann sind 25 % auf den Gewinn von 2,50 € sind gerade einmal 0,625 €. Dies genügt aber nicht, um den negativen Erwartungswert von -1 auszugleichen! Der Erwartungswert für diese Promotion ist also tatsächlich weiter negativ, wenn Sie auf Favoriten setzen!

KAPITEL 6

<u>Boost-Token-Regel:</u>
Boost-Tokens setzt man auf hohe Quoten (Außenseiter).

Promotion Nr. 6: (ausschließlich Fußball) Zwei-Tore-Versicherung

„Wir zahlen bereits dann aus, wenn Ihr Team einen Zwei-Tore-Vorsprung erreicht hat – auch wenn die Begegnung nicht gewonnen wird."

Diese Promotion ist relativ neu, wird aber bereits von mehreren Wettanbietern beworben. Ich kann Ihnen keine Überschlagsrechnung angeben, mit der Sie dies berechnen, möchte Sie aber dennoch zu einer Überlegung inspirieren: Wenn der Favorit einen 2-Tore-Vorsprung während eines (Fußball-)Spieles erlangt hat, gewinnt er auch in aller Regel. Die Promotion ist dann also nichts wert, denn Sie streichen ja den Gewinn ohnehin ein, von wenigen Ausnahmen abgesehen. Sie erwartet auch nur ein geringer Gewinn, denn Sie haben auf den Favoriten gesetzt, der nur eine niedrige Quote aufweist.

Wenn aber der Außenseiter einen 2-Tore-Vorsprung erlangt hat, dann gelingt es dem Favoriten dennoch relativ häufig, das Spiel zu drehen und mindestens ein Remis herauszuholen. Für diesen Fall wäre die Promotion doch von Wert – **und zwar von bedeutender Größe, denn ein Außenseitersieg bedeutet einen stattlichen Gewinn, den Sie in diesem Falle einfahren.**

Also: Die Promotion macht Sinn, wenn Sie auf den Sieg des Außenseiters setzen. Einen exakten Erwartungswert kann ich Ihnen leider nicht angeben.

Dies ist die einzige Promotion, die ich nicht berechnen kann, die ich mit dieser Hintergrundüberlegung aber dennoch annehme.

<u>Zwei-Tore-Versicherungs-Regel:</u>
Wird eine „vorzeitige Auszahlung bei 2-Tore-Vorsprung" angeboten, setzen Sie auf den Außenseiter!

Eine verwandte Promotion, die allerdings deutlich seltener angeboten wird, ist:

Wenn Ihr Team das 1:0 schießt, gilt die Wette als gewonnen.

Diese Promotion ist natürlich noch interessanter als die 2-Tore-Vorsprung-Wette. Das Verhalten analog zur Zwei-Tore-Versicherungs-Regel ist offensichtlich.

KAPITEL 6

Geheimtipp: Um das Kapitel mit den Promotionen abzuschließen, darf ich Ihnen noch einen Geheimtipp geben. Bei vielen Promotionen muss man sich zuvor anmelden. Bei den großen, internationalen Anbietern gibt es Promotionen, die nur auf der englischsprachigen Webseite zu finden sind (Vielleicht gibt es auch noch Promotionen in den anderen Sprachen, aber ich beherrsche nur das Englische hinreichend, um die Bedingungen verstehen zu können.).

Ich habe die Erfahrung gemacht, dass die Wettanbieter es dulden, dass die deutschen Wettfreunde sich auch für die Promotionen anmelden dürfen, wenn die Promotion offenkundig nur für englische Kunden gedacht war!

Also, wenn Sie auch das Englische (oder irgendeine andere Sprache) soweit beherrschen, dass Sie die Promotionen verstehen, dann lesen Sie die Promotionen auch in den anderen Sprachen.

KAPITEL 7

Worauf man nicht wetten sollte – Die häufigsten Fehler und deren Berichtigung

Hauptwetten der populären Ligen:

In Kapitel 3 habe ich Ihnen erläutert, dass Sie bei Sportwetten einen negativen Erwartungswert von ca. -10 % Ihres Einsatzes haben, da Sie 5 % Wettsteuer plus 5 % Gewinnmarge der Wettanbieter gegen sich haben. Dabei habe ich bereits betont, dass die 5 %-Marge der Wettanbieter ein guter Schätzwert nur für die Hauptwetten mit hoher Popularität sind.

Nun stellt sich die Frage: Was sind „Sportveranstaltungen mit hoher Popularität", und was sind „Hauptwetten"?

GELD VERDIENEN MIT SPORTWETTEN

Zu den „**Sportveranstaltungen mit hoher Popularität**" zählen die Sportereignisse, für die sich eine hinreichend große Menschenmenge interessiert. In der heutigen globalisierten Welt ist es dabei egal, ob ein Sportereignis in den USA, Australien oder in Europa stattfindet. Mittlerweile gibt es auch bedeutende Sportereignisse in den Entwicklungskontinenten – ich erinnere z. B. an die Fußball-WM 2010 (in Südafrika) und 2018 (in Brasilien).

In Europa ist vor allem der Fußball zu nennen.

Besondere Popularität besitzen die ersten Ligen in den führenden europäischen Fußballnationen: Deutschland (1. Bundesliga), Italien (Serie A), Spanien (Primera Division), England (Premier League) genießen dabei besondere Beachtung. Selbstredend noch die Champions League, das ist eigentlich das zentrale Ereignis. Wenn Sie in diesen Ligen wetten, sind für die Hauptwetten ca. 5 % Marge bei den meisten Wettanbietern die Regel. Kontrollieren Sie dies mit Hilfe des Anhangs an einem aktuellen Beispiel.

Selbst die französische Liga besitzt schon mit Abstrichen nicht die gleiche Wichtigkeit wie die vier oben genannten, was sich in der Regel an den Margen herleiten lässt: Die Margen liegen in der Regel ca. 1 % höher. Eine Begründung für diese höhere Marge ist mir nicht ersichtlich, denn Frank-

KAPITEL 7

reich ist zweifelsohne eine große Fußballnation. Ebenso ist die Europa League bereits bei der Margenberechnung leicht hinter den zuvor erwähnten Events.

Sportligen, die nicht so sehr im Fokus stehen wie die ersten Ligen der populären Sportarten, weisen schlechtere Margen für den Spieler auf:

Die deutsche 2. Fußballbundesliga z. B. ist mit ca. 7 bis 8 % Marge bei vielen Wettanbietern noch relativ gut, die 3. Liga wird häufig mit ca. 10 % Marge bequotet. Analog schnellen die Margen der unteren Ligen der anderen Länder in die Höhe – sehr zu Ungunsten des Wettfreundes.

Die Fußballligen außerhalb Englands, Deutschlands, Italiens und Spaniens besitzen ebenfalls schlechtere Margen, so weisen etwa die erste niederländische oder portugiesische Liga vergleichbare Margen wie die 2. Fußballbundesliga auf.

Berechnen Sie selbst die Margen der einzelnen Ligen, es ist eine gute Übung.

In den USA sind vor allem die Sportarten Basketball (NBA), American Football (NFL) und – bereits mit Abstrichen – Eishockey (NHL) beliebt. Auch die großen Tennisturniere besitzen hohe Popularität (Wimbledon, Australien Open u. a.). Die Margen für die Hauptwetten liegen hier bei ca. 5 % und darunter, bei der NHL wieder bei ca. 6–7%.

Bei anderen Sportarten wie Volleyball, Handball, Darts etc. habe ich bei fast allen Wettanbietern deutlich höhere Margen ausgerechnet. Die Margen liegen bei 10 % und darüber! Sollten Sie in anderen, hier nicht aufgeführten Sportarten niedrigere Margen errechnen, so sehen Sie es mir nach, dass ich mich nicht für alle Sportarten interessiere und deshalb nur für die mir geläufigen Sportarten überhaupt Rechnungen angestellt habe.

Wenn Sie die **Pre-Match-Quoten** der **Hauptwetten** für diese Ereignisse nehmen, so ist 5 % Marge für den Wettanbieter normalerweise ein guter Schätzwert.

Wenn man eine bestimmte Sportart in den Ländern betrachtet, in denen sie nicht so populär ist, etwa Fußball in den USA oder Basketball in Deutschland, so liegen die Margen der Wettanbieter wieder deutlich über 5 %. Wetten Sie also auf die Ligen in den Ländern, in denen die Sportart populär ist.

Als „**Hauptwetten**" bezeichne ich die Ereignisse „Sieg Heimteam", „Unentschieden" und „Sieg Auswärtsteam" beim Fußball, sowie die Moneyline-Wetten bei NFL und NBA (Bei der Moneyline-Wette gibt es nur „Sieg Heim" und „Sieg Auswärts", ein Unentschieden erfordert ein Weiterspielen bis ein Sieger feststeht.).

KAPITEL 7

Bei der Eishockeyliga NHL in den USA gibt es sowohl die Moneyline-Wetten wie auch die Ereignisse „Sieg Heimteam", „Unentschieden" und „Sieg Auswärtsteam" wie beim Fußball. Beide Wetttypen bezeichne ich einmal noch als Hauptwetten.

In der NFL sind auch noch Handicap-Wetten mit recht guter Marge zu finden. Dabei wird das Handicap so austariert, dass die beiden Mannschaften in etwa gleich stark sind. Auch diese kann man noch zu den Hauptwetten zählen.

Bei den Tenniswetten sind analog die Wetten „Sieg Spieler A" und „Sieg Spieler B" die Hauptwetten.

Alle anderen Wetten bezeichne ich als „**Nicht-Hauptwetten**". Beispiele dafür sind: Handicap-Wetten, Wetten wie „Team A gewinnt nach Rückstand", Wetten auf einzelne Spielabschnitte wie „1. Halbzeit/1.Drittel/1. Satz" oder „genaues Ergebnis" eines Ereignisses, „Spieler A trifft", „Spieler A gewinnt den ersten Satz", usw.

Nicht-Hauptwetten: Wetten auf das konkrete Ergebnis o. ä.

Wenn man die Margen für die Nicht-Hauptwetten berechnet, so hat man z. T. **horrende Abweichungen** zu Ungunsten des Spielers.

GELD VERDIENEN MIT SPORTWETTEN

Vor allem die beliebten Wetten auf das **genaue Ergebnis** beim Fußball und beim Eishockey haben bei meinen Berechnungen fürchterlich schlecht abgeschnitten: Bei vielen Anbietern beträgt die Marge hier mit weit über 30 % und mehr die sechsfache Marge der Hauptwetten. (Die Sportfans der Sportarten Handball, Basketball und American Football u. a. werden wohl wegen der viel zu großen Anzahl der möglichen genauen Ergebnisse weniger in Versuchung geraten sein, ein „genaues Ergebnis" zu tippen.)

Vergleichbare Margen sind bei den sog. **Langzeitwetten** üblich. Wenn Sie den nächsten Bundesligameister oder Weltmeister im Basketball zu Beginn des Wettbewerbes tippen, so liegen Sie auch hier mit ca. 20 % und mehr hinten. Die Langzeitwetten der anderen Sportarten sind ebenfalls mit solchen Margen bequotet.

Eine Marge von 20 % des Wettanbieters plus 5 % Wettsteuer ergibt ca. -25 % Erwartungswert gegen Sie. Ein fürchterlicher Wert, der durch nichts aufzuholen ist!

Übertragen auf den Münzwurf mit einer unverbogenen Münze bedeutet dies:

Bei einem negativen Erwartungswert von insgesamt 25 % (Marge plus Steuer) erhalten Sie nur noch das 1,6-fache

KAPITEL 7

anstelle des 2-fachen Gewinnes ausbezahlt, wenn Sie die richtige Seite des Münzwurfes erraten.

Wenn Sie auf das korrekte Ergebnis setzen, dann liegen Sie inklusive der Steuer 35 % hinten. Dann bringt die richtige Seite des Münzwurfes weniger als das 1,5-fache Ihres Einsatzes, obwohl die Münze fair ist.

Würden Sie eine solche Wette auf den Münzwurf eingehen? Sicherlich nicht!

Aber gerade diese Wetten erfreuen sich enormer Beliebtheit. Immer, wenn ich in meiner Gastwirtschaft ein Fußballspiel live ansehe und mitfiebere, outen sich viele der Gäste, dass Sie ein konkretes Ergebnis getippt haben. Schneller kann man das Geld wirklich nicht verbrennen. Ich kenne sogar Lehrerkollegen, die Mathematik studiert haben, die genaue Ergebnisse tippen.

<u>Hauptwettenregel</u>: Spielen Sie die Hauptwetten. Lassen Sie alles andere links liegen, beachten Sie es nicht!

Warum ist es so beliebt bei den Fußballfans, ein konkretes Ergebnis zu tippen? Vielleicht ist die folgende Überlegung der richtige Ansatz: Selbstverständlich ist die Quote für ein konkretes Ergebnis höher als für die Hauptwette. Wenn man im Fußball das Ergebnis „Heimteam gewinnt 2:1" richtig tippt, dann kann man mit einer Quote von ca. 10

und mehr rechnen, wenn die beiden Mannschaften als etwa gleich stark angesehen werden. Eine Wette auf den Heimsieg alleine bringt nur eine Quote von weniger als 3. Die Margen sind aber wie erwähnt 30 % und 5 %.

Die höhere Quote für den Wettfreund wird also mit einem höheren negativen Erwartungswert erkauft.

Wir erahnen hier bereits eine Erkenntnis, die für die weiteren Kapitel noch bedeutend sein wird. Eine hohe Quote zieht den Wettfreund an – er favorisiert eine hohe Quote –, obwohl sie einen stärkeren negativen Erwartungswert für seine Wette bedeutet, liebt der Wettfreund die Möglichkeit, richtig gut zu gewinnen.

Besonders bei Wettfreunden, die gerne auf Teams wetten, die häufig in Favoritenrollen sind, sind die Wetten auf das genaue Ergebnis beliebt, denn Ihnen werden für einen normalen Sieg Ihres Teams nur niedrige Quoten angeboten. Die Fans dieser Favoritenteams freuen sich zwar häufig über den Gewinn Ihrer Lieblingsmannschaft – erleiden aber bei ihrer Wettgewohnheit weit überproportionale Verluste!

Livewetten:
Nicht ganz so schlecht sind die Quoten für Livewetten: 10 % sind bei populären Ereignissen auf die Hauptwetten

die Regel, bei weniger bekannten Sportereignissen auch ca. 15 %.

Auch dies ist ein zu hoher Wert, als dass ich Ihnen dazu raten könnte, wobei ich diesen Ratschlag für erfahrene Spieler noch im Kapitel 10 modifizieren werde.

Finalspiele bedeutender Ereignisse:
Sportereignisse wie Endspiele bedeutender Wettbewerbe hingegen lassen bei den Hauptwetten geringere Margen als 5 % zu.

Ich habe bei einigen Wettanbietern schon Margen von unter 2 % errechnet, wenn es um Endspiele der Champions League oder den Super Bowl (NFL) ging. Auch bei den Topspielen der großen Ligen – etwa wenn der Tabellenerste gegen den Tabellenzweiten antritt – sind Margen von ca. 3 % durchaus üblich.

Hier können Sie also mit einem Erwartungswert von weniger als -10 % inklusive Wettsteuer rechnen, lediglich 7 bis 8 % liegen Sie hier im Minus. Dies sind die Wetten, zu denen ich Ihnen rate, wenn Sie mit Wetten Geld verdienen wollen.

Margenregel: Setzen Sie unbedingt auf Wetten mit einer niedrigen Marge für die Wettanbieter!

Dies sind die Pre-Match-Hauptwetten der großen Sportereignisse. 5 % sind hier ein guter Wert.

Wetten, die höhere Margen für die Wettanbieter versprechen, sollten Sie nur dann eingehen, wenn gute Promotionen dies erfordern oder Sie über hervorragenden Sachverstand besitzen (mehr dazu in Kapitel 10).

Es kann sein, dass es einige Wetten gibt, die mit einer 5 %-Marge bequotet sind, die nicht unter die von mir definierten Hauptwetten fallen. Rechnen Sie die einzelnen Margen eigenständig aus!

Viele Leser werden einige ihrer bisherigen Fehler nun nachträglich erkennen. Nehmen wir an, ein Spieler hat einen 100 %-Willkommensbonus erhalten und tippt lediglich die „genaue-Ergebnis-Wetten" mit einer Marge von 30 % für den Wettanbieter.

Dann liegt der Erwartungswert inklusive der Wettsteuer bei -35 %.

Wenn der Wettanbieter lediglich einen dreifachen Umsatz bei Bonus und Einzahlungsbetrag verlangt hat, so muss zur Berechnung des Erwartungswertes 35 % von 600 berechnet werden. Dies sind 210 € Verlust.

Abzüglich der 100 € Bonus liegt der Erwartungswert bei negativen 110 €! Der Spieler hat also im Erwartungswert sein ganzes eingezahltes Geld bereits vor Erreichen der Umsatzbedingungen verspielt!

Wenn Sie so bisher getippt haben, dann wissen Sie, warum Sie bislang nicht erfolgreich sein konnten.

Ich rate Ihnen, die Margen der Ereignisse mit Hilfe des Anhangs 1 für einzelne aktuelle Ergebnisse zu berechnen. Die Wettanbieter variieren die Margen für einzelne Wettbewerbe, in der Regel halten sie diese dann aber innerhalb eines Wettbewerbs gleich. Soll heißen: Wenn für ein Bundesligaspiel die Marge 4 % beträgt, dann ist die Marge für das andere Bundesligaspiel am gleichen Spieltag in der Regel auch 4 %.

Es kann sein, dass ein Spieltag von einem Wettanbieter einmal mit einer besonders guten Marge ausgestattet ist, und der nächste Spieltag nicht.

Die regelmäßige Überprüfung der Marge in den einzelnen Wettbewerben, die ich tippe, ist eine der wichtigsten Aufgaben, die ich als Sportwetter mit Gewinnabsicht habe.

Eine Frage haben sie sich sicherlich schon beim Kauf dieses Buches selbst gestellt:

Welche Wette ist die richtige Wette, wenn ich ein spezielles Team bevorzuge?

Es tut mir leid, aber ich kann wirklich keine Regel formulieren, die für jeden Leser passend ist.

Im Gegenteil, ich rate Ihnen sogar ausdrücklich dazu, nur dann auf ein Sportereignis zu wetten, wenn das von Ihnen favorisierte Team entweder **nicht beteiligt** ist, oder aber wenn Sie gegen das Team Ihres Herzens wetten!

Ich habe selbst oft genug auf das Team gewettet, dem ich heimlich den Sieg wünsche – und zu oft verloren!

Ich liege mit meinen Wettergebnissen **viel besser**, wenn ich auf Teams wette, die mir egal sind – am besten liege ich mit Wetten, die ich **gegen mein Herz** gesetzt habe.

Wenn ich das Gefühl habe, dass mein Team verliert, dann habe ich in der Regel einen Sachverstand, der meine Emotionen überwiegt. Genau das ist ein Hinweis auf „hervorragenden Sachverstand" in einer Sportart. Dazu mehr in Kapitel 10.

Wie bitte? Sie wollen weiter auf das Team wetten, für welches Ihr Herz schlägt, und natürlich verlangen Sie auch noch, dass es gewinnt, damit Ihre Sportwetten positiv ausgehen?

Dann kapituliere ich hiermit vor Ihrer fehlenden Einsicht und rate Ihnen: Kaufen Sie lieber das Buch von einem Schamanen, nicht von einem Mathematiker. Ich habe

KAPITEL 7

den Titel „Geld verdienen mit Sportwetten" gewählt. Der Buchtitel „Mit Sportwetten meinem Lieblingsverein zum Sieg verhelfen" ist meines Wissens noch frei. Ich werde ihn nicht für mich beanspruchen.

Ihre Sportwette besitzt mit Sicherheit keinen Einfluss auf das Ergebnis Ihres Lieblingsvereines, das sehen Sie bitte ein – oder legen dieses Buch weg!

Wenn Sie also gegen Ihr Team wetten, dann ist das kein Verrat an Ihrem Verein!

Favoriten oder Außenseiter? Eine einführende Betrachtung (Fortsetzung in Kapitel 9)

Die Frage, ob man auf Favoriten oder Außenseiter setzen sollte, wird im Internet auf mehreren Seiten besprochen, allerdings nicht sehr befriedigend. Ein Ratschlag wie „Überlegen Sie sich, ob Favoriten oder Außenseiter zu Ihrem Risikoprofil passen!" ist nun wirklich zu allgemein als dass er Ihnen helfen könnte.

Aber allein die Tatsache, dass es Abhandlungen zu dieser Frage gibt, zeigt, dass dies eine Fragestellung ist, die viele Wettfreunde interessiert. Ich darf Ihnen mitteilen: Eine pauschale Beantwortung dieser Frage gibt es nicht, dafür ist die Materie zu kompliziert, aber ich werde Ihnen in Kapitel 9 einige Tendenzen geben können, mit deren Hilfe Sie im aktuellen Einzelfall sehr gute Chancen haben, Gewinne zu erzielen.

Als einführende Vorüberlegung gebe ich schon einmal hier zu bedenken:

Es gibt hinsichtlich der Frage, ob auf Favoriten oder Außenseiter zu wetten ist, zwei Prozesse, die entgegengesetzt wirken:

1. Gegen Favoritenwetten spricht die folgende Überlegung:

Für den deutschen Spieler ist die Wettsteuer von Bedeutung. Es wird nämlich nicht nur der Gewinn, sondern auch der gesamte Einsatz versteuert!

Beispiel:
Nehmen wir an, Sie wetten mit einer Quote von 2 und einem Einsatz von 1 €. Dann sollten Sie vor Steuern 2 € erhalten, wenn Sie gewinnen.

5 % Wettsteuer von 2 € werden jedoch abgezogen: Das sind 0,10 €.

Ihr Gewinn liegt aber lediglich bei 1 €, der andere Euro ist schließlich Ihr Einsatz gewesen! Eigentlich müsste – wenn man „Wettgewinne" als etwas Ähnliches wie Kapitalerträge ansieht –, nur der Gewinn von 1 € mit 5 % versteuert werden, das wären in diesem Fall nur 0,05 €. Dem ist aber nun einmal nicht so, wir müssen uns damit abfinden. Die Wettfreunde in den anderen Ländern sind in einer besseren Situation[9].

Warum sollte man keine Einzelwetten auf Favoriten setzen?
Dies führt zu folgendem Paradoxon: Sie wetten auf einen hohen Favoriten, sagen wir, der Favorit hat die Quote 1,05.

Für den Fall des Gewinnes erhalten Sie bei 1 Euro Einsatz 1,05 € vor Steuern. Mit der Wettsteuer jedoch haben Sie wieder nur 1 €. Sie haben also nach Steuern **noch nicht einmal etwas gewonnen**, obwohl Sie richtig getippt haben.

Bei einer Quote von 1,2 erhalten Sie nur 1,14 € nach Steuern!

0,06 € Ihres 0,20 €-Gewinnes gehen an den Fiskus!

0,06 € von 0,20, das sind 30% Ihres Gewinnes!

Dieser Effekt ist bei Wetten auf den Außenseiter deutlich geringer.

---

[9] Ich bin nicht vollständig über die steuerliche Behandlung in allen Ländern informiert.

Nehmen wir eine Wette mit der Quote 5:

Liegen Sie mit Ihrem Tipp richtig, so erhalten Sie 5 € vor Steuern.

Abgezogen werden 5 % Steuer von 5 €, das sind 0,25 €.

Ihr Gewinn beträgt jedoch 4 €. Der „Steuersatz" für Ihren Gewinn berechnet sich wie folgt:

0,25 € von 4 €, das sind immerhin 6,25 %, die aber weit unter dem 30 %-Steuersatz auf den Gewinn aus dem Favoritensieg liegen!

Aus dieser Überlegung gibt sich die **Favoriten-Steuer-Regel: Vermeiden Sie Einzelwetten auf Favoriten!**

Die Steuer frisst weit überproportional den Gewinn im Falle eines Wettgewinnes auf!

Wenn Sie Fan eines klaren Tabellenführers sind, so stehen Sie jetzt vor einem Dilemma: Wenn Ihr Verein morgen spielt, so sollten Sie nicht auf ein konkretes Ergebnis zu setzen, da dort die Marge zu hoch ist. Nun verbiete ich Ihnen in dieser Regel auch noch die Hauptwette auf Ihren Lieblingsverein, denn da ist die Marge die eines Faoriten.

Es tut mir leid, aber ich kann Ihnen nichts anderes sagen, als mich zu wiederholen und zu beteuern, dass **Geld verdienen mit Sportwetten nichts mit Fanleidenschaft**

zu tun hat. Betrachten Sie es nicht als Verrat an Ihrem Verein, wenn Sie entweder gar nicht mehr auf ihn setzen oder aber sogar darauf wetten, dass Ihr Verein das morgige Spiel nicht gewinnt.

2. Warum sollte man nicht auf krasse Außenseiter setzen?

Für Favoriten sprechen die folgenden Überlegungen, die genau entgegengesetzt wirken:

Wettfreunde sind Menschen, die naturgemäß das Risiko lieben. Hohe Quoten ziehen sie an, niedrige Quoten sind weniger attraktiv.

Man nennt solche Menschen risikophil.

Nehmen wir an, die Wahrscheinlichkeiten für den Ausgang zweier Ereignisse betragen 10 % und 90 %:

Team A gewinnt: 10 %
Team B gewinnt: 90 %

Dann müssten die fairen Quoten wie folgt sein:

Team A gewinnt: 1,11
Team B gewinnt: 10

Eine Spielernatur ist eher geneigt, eine Wette einzugehen, bei der die Wahrscheinlichkeit des Eintretens nur 10 %, die Quote dabei aber 10 beträgt, als eine Wette, bei der er eine 90 %-ige Gewinnwahrscheinlichkeit besitzt, die Quote aber lediglich 1,11 beträgt. Beides wären faire Quoten, aber ein Spieler liebt die Möglichkeit auf den hohen Gewinn, zumindest in aller Regel. Deshalb setzen die meisten Spieler in der Situation oben auf das Team B.

Diese Neigung von Spielern machen sich die Wettanbieter fast immer zunutze, indem sie bei den hohen Quoten mehr einsparen als bei den niedrigen – zumindest tendenziell. Es ist ganz einfach der Mechanismus von Angebot und Nachfrage. Viele Wettfreunde suchen nach hohen Quoten, die Wettanbieter können also einen höheren Preis für die Wette verlangen und die Quote reduzieren.

In dem obigen Fall würde die Quote für den Favoriten nur geringfügig gekürzt: Etwa auf 1,1, die Quote des Außenseiters jedoch kräftig:

Team A gewinnt: 1,1
Team B gewinnt: 7,5

KAPITEL 7

Damit ergäbe sich für den Wettanbieter eine Marge von ca. 4 %, ein recht guter Wert.

Der Gewinn für den Außenseiter wurde um mehr als 25 % (2,5 von 9) nach unten korrigiert, der Gewinn für den Favoriten nur um knapp 10 % (1 von 11).

Zunächst sollte man tendenziell folgende Regel beherzigen:

Krasse-Außenseiter-Regel: Vermeiden Sie Wetten auf krasse Außenseiter.

Ein „krasser Außenseiter" ist für mich ein Ereignis, dem eine Wahrscheinlichkeit von lediglich 10 % oder weniger zugemutet wird. Ab der Quote 7,5 sehe ich einen Sieg des Teams als „krassen Außenseiter" an.

Jetzt verstehen Sie auch, weshalb ich bei Gratiswetten die Quote von ca. 5 bevorzuge. Wenn man die Gratiswette auf deutlich höhere Quoten setzt, widerspricht man genau dieser Regel. Sie merken: Die Wettregeln, die ich hier formuliere, widersprechen sich z. T., manchmal muss man einen Mittelweg finden, um mehreren Tendenzen gerecht zu werden.

Vor allem bei den Ereignissen, in denen Sie der Spielergesamtheit oder dem Wettanbieter eine hohe Entscheidungskompetenz zumuten können, sollten Sie überhaupt die

Außenseiter meiden! Dazu werde ich noch im Kapitel 9 (Es geht doch: die Marge des Wettanbieters ins Negative drücken) Stellung nehmen.

Zusammenfassend darf ich vorläufig festhalten, dass für Einzelwetten Quoten von ca. 2 bis ca. 6 einigermaßen akzeptabel sind, solange es die Hauptwetten von großen Sportveranstaltungen sind. Werden andere Quoten angeboten, sollte man von einer Einzelwette auf diese Ereignisse normalerweise Abstand nehmen.

Eine gute Promotion auf dieses Ereignis kann jedoch eine Wette auf andere Quoten sinnvoll machen.

KAPITEL 8

Werden Sie ein Erbsenzähler!

Wissen Sie, was man mit der umgangssprachlichen Formulierung „Erbsenzähler" meint? Einen Menschen, der auf Kleinigkeiten achtet und bei dem selbst geringe preisliche Unterschiede bei Angeboten den Ausschlag geben. Ein ähnlicher Begriff ist „Pfennigfuchser" oder ganz böse ausgedrückt die Alliteration „Korinthenkacker". In der Regel verwendet man diese Begriffe negativ, denn Menschen, die auf Kleinigkeiten achten, verdrießen uns oft das Leben, weil sie uns auf unsere kleinen Fehler aufmerksam machen, die nun einmal jeder von uns besitzt.

Sind Sie schon einmal von Ihren Mitmenschen als Erbsenzähler oder Pfennigfuchser bezeichnet worden? Oder als „Dagobert"?

Wenn nicht, dann wird es jetzt Zeit, dass sich genau das ändert.

Mein wichtigster Tipp (umgangssprachlich): Werden Sie ein Erbsenzähler!

Um es nicht umgangssprachlich zu formulieren: Es geht um Kleinigkeiten, um Prozente! Und auf genau diese Prozente müssen Sie achten! Es ist eine Feilscherei um Quoten, bis auf die zweite Stelle hinter dem Komma!

Nur so bin ich ein erfolgreicher Wettfreund geworden und gehöre zu den 5 % der Spieler, die mit Sportwetten Gewinne gemacht haben.

Mich haben schon viele Erbsenzähler genannt – in einem Verein, in dem man mich als Kassierer gewählt hatte, hieß ich nach zwei Jahren in diesem Ehrenamt nur noch „Dagobert". Dennoch erhielt ich Respekt, denn seit ich mein Unwesen als Kassierer trieb, hatte der Verein nicht mehr die finanziellen Schwierigkeiten wie zuvor, weil ich alle überflüssigen Ausgaben rigoros auf den Prüfstand stellte und auch mit viel Ehrgeiz beseitigte, und außerdem auch kleinere Einnahmen nicht mit dem Verweis „das sind doch Peanuts" abschrieb.

KAPITEL 8

Vielleicht hätte ich mich im Pseudonym Emil Erbsenzähler nennen sollen, aber ich habe mich nun einmal anders entschieden.

Deshalb rate ich Ihnen, egal, was für ein Wettfreund Sie sind:

Mein wichtigster Tipp (diesmal in Hochdeutsch): Vergleichen Sie die Quoten der unterschiedlichen Wettanbieter!

Wählen Sie sich für Ihre Wetten den Wettanbieter aus, der eine im Vergleich zu den anderen Wettanbietern hohe Quote anbietet!

Wenn möglich: Nehmen das Ereignis, bei dem Ihr Wettanbieter die im Wettanbietervergleich höchste Quote anbietet.

Ich nehme einmal ein konkretes Beispiel, das erste in diesem Buch, welches nicht fiktiv ist, sondern sich wirklich auf ein konkretes Ereignis bezieht. Ich habe dafür ein Tennisopen in Prag aus dem Jahr 2019 ausgewählt. Die Namen der Spieler sind vollkommen egal, deshalb gibt es nur Spielpaarungen und Spielernamen A bzw. B in jedem Match.

Vergleichen Sie gerne zum Zeitpunkt Ihrer Lektüre drei Wettanbieter mit einem aktuellen Turnier, Sie werden ähnliche Zahlen vorfinden!

Das Tennisturnier in Prag ergab für die Spiele am 22.07.2019 folgende Quoten (Stand ca. 11:00 Uhr):

Quoten Wettanbieter 1:

Spiel Nr.	Spieler A bei Wettanbieter 1	Spieler B bei Wettanbieter 1
1	2,75	1,4
2	1,5	2,4
3	1,3	3,2
4	1,7	2,05
5	2,3	1,55
6	1,65	2,1

Wenn Sie die Marge berechnen, so liegen Sie bei Wettanbieter 1 bei ca. 8 %. Das ist immerhin noch ein akzeptabler Wert, wenngleich kein guter. Wir betrachten einen zweiten Wettanbieter für die gleichen Spiele:

KAPITEL 8

Quoten Wettanbieter 2:

Spiel Nr.	Spieler A bei Wettanbieter 2	Spieler B bei Wettanbieter 2
1	2,85	1,42
2	1,46	2,7
3	1,34	3,2
4	1,76	2,05
5	2,3	1,62
6	1,66	2,2

Die Margen bei diesem Wettanbieter ergeben einen Wert von ca. 5,5 %. Dies ist deutlich besser als bei Wettanbieter 1. Aber es kommt nicht auf die Marge an, sondern auf die Quote für das einzelne Ereignis!

Im Spiel Nr. 2 ist die Quote bei Wettanbieter 1 für Spieler A mit 1,5 höher als bei Wettanbieter 2. Wenn Sie also auf den Spieler A im Spiel 2 wetten wollen, sollten Sie, wenn Sie nur diese beiden Wettanbieter zur Verfügung haben, Wettanbieter 1 wählen!

Nehmen wir einen dritten Wettanbieter hinzu:

Quoten Wettanbieter 3:

Spiel Nr.	Spieler A bei Wettanbieter 3	Spieler B bei Wettanbieter 3
1	2,9	1,4
2	1,53	2,37
3	1,33	3,3
4	1,8	2
5	2,3	1,61
6	1,73	2,1

In Spiel 1, 2, 4 und 6 sind die Quoten für Spieler A dieses Wettanbieters am höchsten! Die prozentualen Unterschiede zwischen der besten und schlechtesten Quote sind bedeutsam:

Wettanbieter 3 bietet bei Spieler A im 1. Spiel die höchste Quote (2,9). Der Unterschied zur schlechtesten Quote (2,75 bei Wettanbieter 1) beträgt 0,15. Bezogen auf den Quotenwert 2,75 ist das ein Prozentsatz von mehr als 5 %.

Wettanbieter 3 hat aber in einem Fall auch eine sehr schlechte Quote in seinem Angebot: Im Spiel Nr. 2 ist für Spieler B die Quote 2,37. Bei Wettanbieter 2 hingegen ist die Quote 2,7, also 0,33 über der Quote von Wettanbieter 3!

KAPITEL 8

0,33 von 2,37 ergeben einen stolzen Prozentsatz von fast 14 %!

Sie sehen also, es lohnt sich bei jeder Quote hinzusehen und nicht blind seinem Lieblingsanbieter zu vertrauen! Wenn Sie drei bis vier Wettanbieter miteinander vergleichen, dann haben Sie in der Regel die Quoten fast vollständig ausgereizt. Sie müssen nicht 30 Wettanbieter vergleichen, es stehen eventuelle Quotenverbesserungen nicht im Verhältnis zum Arbeitsaufwand.

Wenn Sie diese drei Wettanbieter miteinander vergleichen, so stellen Sie fest: Wenn Sie sich die beste Quote für Spieler A und B von allen drei Wettanbietern aussuchen, so schrumpft die Marge der Wetten auf das Spiel merklich:

Für Spiel 2 liegt sie bei 2,3 % (Die Quoten 1,53 und 2,7 sind die besten und dafür ergibt sich eine hervorragende Marge von lediglich 2,3 %). Sie sparen also mehr als die Hälfte der normalen Marge ein!

Sie schätzen die Prozente nicht? Die Differenz zu unserer angenommenen Marge von 5 % sind 2,7 %.

2,7 % machen bei Ihnen keinen Unterschied? Ich habe Ihnen in der Einleitung gesagt, dass ich im Verlauf von ca. drei Jahren Wettumsätze von mehr als 100.000 € getätigt habe. 2,7 % von 100.000 € sind stolze 2.700 €. Das ist mehr als das Doppelte, was ich durch die Willkommensboni verdient habe!

Wenn ich die 2,3 %-Marge mit der Marge des ersten Wettanbieters vergleiche, so erhalte ich eine Differenz von 8 - 2,3 = 5,7 %. Auf die 100.000 € Wettumsatz sind dies also 5.700 €. Ich hoffe, dass diejenigen, die bislang Prozente im einstelligen Bereich verachtet haben, nun ins Grübeln kommen!

Also: Vergleichen Sie die Quoten der Wettanbieter und Sie erreichen deutlich bessere Wettergebnisse!

Wenn Sie sich entschieden haben, auf ein bestimmtes Sportereignis zu setzen, dann gehen Sie doch wie folgt vor: Drucken Sie sich die bevorstehenden Spiele bei einem Wettanbieter aus, dessen Webseite man gut in ein gängiges Textverarbeitungsprogramm kopieren kann. Solche Sportanbieter besitzen vor allem einen relativ hellen Hintergrund, ein dunkler Hintergrund ist für das Drucken hinderlich.

Dann tragen Sie für die Wettanbieter, bei denen Sie gerade aktive Konten besitzen, mit verschiedenen Farben die Quoten der anderen Wettanbieter ein, etwa in blau Ihren Wettanbieter 1, in schwarz Wettanbieter 2 usw..

KAPITEL 8

So erhalten Sie eine gute Übersicht, welcher Spieler bei welchem Wettanbieter die höchste Quote zugesprochen bekommt.

Im Wettanbietervergleich habe ich noch folgende Erfahrung gemacht: Nahezu jeder Wettanbieter hat seine Stärken und seine Schwächen. Während der eine Wettanbieter normalerweise die Favoriten der italienischen Liga gut bequotet, schneidet derselbe Wettanbieter bei den Außenseitern dort schlecht ab.

Andere Wettanbieter bieten in der Regel gute Quoten für Unentschieden oder auf bestimmte Livewetten-Situationen, wieder andere sind für die Favoriten einer ganz anderen Sportart am besten quotiert.

Einige Leser haben vielleicht schon längst die entsprechenden Internetseiten im Blick, bei denen die „besten Quoten" für die jeweiligen Sportereignisse veröffentlicht werden.

Nach meiner Erfahrung ist der Wert vieler solcher Internetseiten begrenzt. Sie sind häufig nicht mehr aktuell, sondern die Quoten sind die Quoten, die vor ein paar Stunden oder Tagen eingelesen worden sind. Ferner habe ich das Gefühl, dass diese professionellen Internetseiten Provisionen von einigen Wettanbietern erhalten. Deshalb werden bewusst einige Wettanbieter nach vorne gepuscht, andere hingegen vernachlässigt. Eine Quote, die von einem Wettanbieter tatsächlich eine Stunde im Netz war, und nach unten korrigiert wurde, steht noch tagelang auf diesen Seiten. Ich habe oft bessere Quoten gefunden als die vermeintlich „beste Quote", die auf einer Webseite gefunden wurde, die für sich in Anspruch nahm, die beste Quote zu bewerben.

Außerdem ist es mühselig zu kontrollieren, ob der Wettanbieter, bei dem ich ein Wettkonto habe, zumindest an zweiter oder dritter Stelle genannt wird – und somit eine genauso hohe Quote anbietet, wie der Wettanbieter, der als erstes genannt wird.

Mein Tipp für diese Webseiten:

Webseiten-Tipp: Schauen Sie im Original nach, vertrauen Sie nicht einer Webseite, die für sich reklamiert, die beste Quote für Sportereignisse anzugeben.

Sie sehen, ein schnelles Internet und ggf. ein zweiter Netzzugang lohnen sich! Nur mit einem Smartphone werden Sie schnell schwermütig, wenn Sie immer die langen Ladezeiten in Kauf nehmen müssen.

Es ist ein notwendiges Muss, dass Sie bei mehreren Wettanbietern Konten besitzen und von jedem Wettanbieter

KAPITEL 8

die besten Quoten auswählen und die besten zugehörigen Promotionen annehmen.

Ich habe bei ca. vier Wettanbietern Konten, bei denen ich dann jeweils aktiv bin. Sollten dann die Werbeaktionen bei einem Wettanbieter auslaufen, so wechsle ich diesen.

Schema für die Verbindung von Promotionen mit Erbsenzählerei:

Ich gehe mittlerweile wie folgt vor: Ich suche mir ein Sportereignis aus, auf welches ich wetten möchte, etwa inspiriert durch die Promotionen eines Wettanbieters auf dieses Ereignis. Eine typische Promotion eines Wettanbieters auf das Tennisopen in Prag könnte z. B. sein:

Setzen Sie eine Kombinationswette mit mindestens 50 € auf das Tennisturnier in Prag am 27.07.2019, und Sie erhalten eine 25 €-Gratiswette.

Dann fertige ich mir eine Tabelle an, in der ich die unmittelbar anstehenden Sportereignisse für drei bis vier Wettanbieter mit ihren Quoten festhalte und suche gezielt die Ereignisse aus, bei denen der Wettanbieter mit der besagten Promotion die höchste Quote von den drei bis vier Wettanbietern aufweist. In unserem Fall oben hätte ich mich, wenn Wettanbieter 3 die Promotion angeboten hätte, etwa für Spieler A im 2. und 6. Match entschieden. Vor allem Spieler A im 6. Match weicht deutlich von den anderen beiden Wettanbietern ab – zu meinen Gunsten!

Wenn Wettanbieter 1 die Promotion angeboten hätte, wäre mir die Wahl schwerer gefallen, aber mit Spieler B in Match 4 und Spieler A in Match 5 habe ich zumindest Quoten, die gegenüber den anderen Wettanbietern nicht nach unten abweichen.

Mit dieser Vorgehensweise habe ich sehr positive Ergebnisse erzielt, die deutlich über dem Erwartungswert des Gratiswetten-Angebots alleine liegen.

Ich habe, wie erwähnt, bezüglich Tennis keine Fachkenntnisse, aber die Erbsenzählerei in Verbindung mit einem Promotionsangebot beschert mir einen deutlich positiven Erwartungswert.

Ich muss eben für meine erste Wette nicht mehr 10 % Verlust ansetzen, sondern nur noch 7 %, nämlich die Wettsteuer von 5 % plus die gut 2 % Marge, die wir errechnet haben.

Bei einer Kombinationswette wird der Vorteil noch deutlicher:

KAPITEL 8

Nach der Kombinationswetten-Regel müssten wir normalerweise 10 % Marge für den Wettanbieter ansetzen, da der Wettanbieter seine Marge für jede Wette einstreicht. In unserem Fall sind es aber nicht zwei Mal 5 %, sondern nur zwei Mal 2,3 %, es stehen also 15 % Marge im Normalfall einer 2er Kombiwette einer Marge von weniger als 10 % bei unserer Kombinationswette gegenüber.

Man kann nun einwerfen: Es kostet Zeit, eine Tabelle anzufertigen. Diese Zeit kann ich nicht investieren, um ein paar Prozente für eine Wette einzusparen, das lohnt sich nicht.

Ich kann dazu entgegnen: Wenn Sie nicht bereit sind, für Ihre Wetten Zeit aufzuwenden, dann wird dies deutlich an Ihrem Wetterfolg zehren! Nehmen Sie sich die Zeit, es lohnt sich! Sie müssen sich das Geld verdienen, indem Sie die Wettanbieter vergleichen, das kostet Zeit, leider.

Bei Sportereignissen mit sehr hoher Popularität ist es sogar möglich, dass sie einen positiven Erwartungswert erhalten, wenn Sie die besten Quoten der unterschiedlichen Wettanbieter untereinander kombinieren. Das ist zwar selten der Fall, aber es kommt vor.

Bei der Erbsenzählerei sollten Sie noch folgendes wissen: Einige Wettanbieter werben damit, dass sie dem Spieler keine Wettsteuer in Rechnung stellen. Es ist nun an dieser

Stelle wichtig zu wissen, wie man die Quote dieser Wettanbieter im Vergleich zu den anderen berechnet.

Berechnung der Quote bei Wettanbietern, die keine Wettsteuer berechnen:

Einige Wettanbieter machen Werbung damit, dass sie keine Wettsteuer einfordern. Um diese Quoten mit denen der anderen Wettanbieter vergleichbar zu machen, muss man die Quote durch 0,95 dividieren.

Der Wettanbieter ohne Wettsteuer mit einer Quote von 2 besitzt die gleiche Quote wie ein Wettanbieter mit Steuerabzug, der die Quote 2:0,95 = 2,11 anbietet, solange man Einzelwetten betrachtet.

Wir halten als Zusammenfassung fest:

Erbsenzählerstrategie: Wir wetten bei keinem Wettanbieter auf ein Ereignis, wenn es höhere Quoten für das Ereignis bei anderen Wettanbietern gibt.

Wenn Sie die Regeln aus den Kapiteln 7 und 8 beachten, dann glaube ich Ihnen jetzt schon attestieren zu können, dass Sie einen positiven Erwartungswert bei Ihrer Wettleidenschaft haben werden. Soll heißen: Sie werden

KAPITEL 8

Geld verdienen, wenn Sie wetten. Sie benötigen nur ein wenig Disziplin!

Bis jetzt ist es wirklich kein Hexenwerk, welches ich Ihnen vorgestellt habe.

In dem nun folgenden Kapitel 9 kommt das eigentliche Herzstück meiner Abhandlung. Mit den wenigen Ausnahmen, die ich noch in Kapitel 10 beispielhaft erwähne, ist das Führen von Statistiken **die einzige Möglichkeit**, Quoten mit positivem Erwartungswert zu generieren.

Es ist aber auch das Komplizierteste, darauf möchte ich Sie vorbereiten.

KAPITEL 9

Es geht doch: Die Marge des Wettanbieters in das Negative drücken – mit Hilfe eigener Statistiken

In Kapitel 6 habe ich Ihnen den Wert der Promotionen erläutert. Diese Wettgeschenke der Bookies sollen Sie ködern, um Kunde bei ihnen zu werden.

In Kapitel 7 habe ich Ihnen erklärt, wie man Wetten vermeidet, die eine zu hohe Marge besitzen.

In Kapitel 8 haben wir durch den Wettanbietervergleich zum ersten Mal die Quoten für eine Wette selbst erhöht. Wir finden ohne Sachverstand Quoten, die etwas höher sind als der normale Wettfreund ohne Vergleich eingeht.

Eines haben wir aber noch nicht erhalten – oder nur, wie in Kapitel 8 nebenläufig erwähnt, im Ausnahmefall:

Wir wollen gemäß unseres Fundamentalsatzes für Spieler Wetten abschließen, die eine **zu hohe Quote** aufweisen und damit für den Spieler eine positiven Erwartungswert bedeuten.

Bezüglich der Quotenbildung rufen wir uns noch ein Ergebnis aus Kapitel 5 in Erinnerung:

Bei einem Münzwurf kann man den Versuch zuerst sehr oft wiederholen und die Wahrscheinlichkeit der Ereignisse bestimmen. Mit der Wahrscheinlichkeit, die man bestimmt hat, kann man dann die Quote festlegen, die man anbietet.

Die Wahrscheinlichkeiten des Sportereignisses kann man nicht durch ein häufiges Wiederholen im Vorfeld bestimmen, drei Gründe, die offensichtlich sind, sprechen dagegen:

1. Die Anzahl der Begegnungen der Teams in der Vergangenheit genügt nicht, einen gesicherten Schätzwert festzulegen.

2. Das Team A aus dem letzten Jahr kann ein ganz anderes Team gewesen sein als das Team A heute (analog Team B!). Schnell sind neue Spieler hinzugekauft worden und alte Spieler verkauft worden.

KAPITEL 9

3. Mit jeder Begegnung, in denen die Parteien aufeinander treffen, lernen sie voneinander und verändern ihre Spielweise – vor allem in Bezug auf die Strategie des Gegners. Es ist schon oft vorgekommen, dass eine Mannschaft, die in der ersten Begegnung der anderen hoffnungslos unterlegen war, im nächsten Aufeinandertreffen eine vollkommen neue Strategie hatte, mit der der vormals überlegene Gegner nicht zurecht kam.

Vielleicht fallen Ihnen noch mehrere andere Gründe ein, weshalb die Ausgänge der letzten Duelle der Teams oder Spieler gegeneinander nur bedingt für eine Statistik herangezogen werden können. Ich halte zuerst noch einmal fest: Ein Sportereignis ist nicht wie ein Münzwurf beliebig oft mit der gleichen Wahrscheinlichkeit der Ereignisse wiederholbar. Die Wahrscheinlichkeiten für die möglichen Ausgänge sind nicht empirisch berechenbar.

Welche Möglichkeiten besitzt denn dann der Wettanbieter, eine Quote für ein Sportereignis festzulegen?

Ich will ehrlich sein: Ich weiß nicht, welche Faktoren bei der Quotenbildung exakt einfließen, aber der **Erfolg der Teams aus den Vorjahren** spielt mit Sicherheit eine ganz entscheidende Rolle. Wechsel der Spieler innerhalb der Teams werden vielleicht auch berücksichtigt, aber zunächst gibt es einen Algorithmus, bei dem die Vorjahreserfolge und **der derzeitige Tabellenplatz – also der Verlauf des bisherigen Turnieres oder der bisherigen Liga** – eine entscheidende Rolle spielen.

Ich bin sicher, dass kein Wettanbieter mehrere Sportexperten zu jedem Event befragt, um die Quote festzulegen, dafür hätte der Wettanbieter zu viele Sportexperten zu befragen. Dieser Aufwand wäre für die Masse der Sportereignisse, auf die man setzen kann, zu groß.

Der Algorithmus ist mit Sicherheit so kompliziert, dass ich ihn hier nicht behandeln kann, zumal ich ihn selbst nicht kenne. Ich würde mich gerne einmal mit einem Mathematiker unterhalten, der bei einem Wettanbieter arbeitet, aber dieser Wunsch ist mir bislang nicht erfüllt worden.

Es gibt aber noch einen weiteren Faktor, der bei der Quotenbildung mit einfließt. Die Quoten ändern sich nämlich bei jedem Wettanbieter zwischen zwei Spielen. In der Regel nur geringfügig, aber sie ändern sich. Es sind also keine neuen Erkenntnisse wie Veränderungen im Tabellenstand o. ä. hinzugekommen, aber die Quoten ändern sich.

KAPITEL 9

Ich bin mir sicher, dass das **Wettverhalten der Gesamtheit der Spieler** maßgeblich darauf Einfluss besitzt, diese Quotenänderungen zu erklären.

Das soll heißen: Wenn bei einem Wettanbieter viele Spieler auf Team A setzen, geht die Quote von Team A nach unten, umgekehrt die von Team B nach oben. Ich habe die Vermutung, dass der Wettanbieter genau diesem Spielerverhalten folgen muss, denn er muss ausschließen, dass ein seltenes Ereignis, etwa ein Außenseitersieg, ihm zu hohe Verluste beschert. Deshalb muss der Wettanbieter Quoten anbieten, die der Annahme der Masse der Spieler Rechnung tragen.

Trotz eines komplizierten Algorithmus, den der Wettanbieter evtl. zur Verfügung hat, wird er die genaue Wahrscheinlichkeit für die möglichen Ausgänge des bevorstehenden Ereignisses nicht berechnen können. Also wird er sich irren und auf der Grundlage seiner Berechnungen für die Wahrscheinlichkeit des Ausgangs eine falsche faire Quote bestimmen. Danach wird er unter Berücksichtigung seiner Marge eine Quote anbieten, in der ein Irrtum vorliegt.

Es geschieht also eigentlich immer ein Irrtum bei der Quotenbildung.

Damit wir als Wettfreunde eine positive Marge für uns erwarten können, muss der **Irrtum groß genug sein**, damit er die Marge des Wettanbieters übersteigt, und wir müssen erkennen, dass **genau dieses Ereignis** einen Irrtum des Wettanbieters darstellt. Denn ein Irrtum des Bookies in Form einer zu hohen Quote für das eine Ereignis, zieht unweigerlich eine noch stärkere zu niedrige Quote für das Gegenereignis nach sich.

Irrtum des Wettanbieters

Ich erläutere dies an dem Beispiel mit der Münze:
Nehmen wir den Münzwurf mit der verbogenen Münze, wir vernachlässigen hier wieder die Wettsteuer.
Der Wettanbieter nimmt irrtümlich an, dass die Münze mit 80%-iger Wahrscheinlichkeit Kopf wirft, mit 20%-iger Wahrscheinlichkeit Zahl.
Wie in Kapitel 4 berechnet, wären die Quoten 1,25 für Kopf und 5 für Zahl fair.
Berücksichtigt man eine Marge von ca. 5 %, so kann der Bookie wie erläutert ungefähr die folgenden Quoten anbieten:

KAPITEL 9

Irrtumsquoten des Wettanbieters:
Kopf: 1,21-facher Einsatz
Zahl: 4,44-facher Einsatz

Der Bookie kann sich dahingehend geirrt haben, dass er die Wahrscheinlichkeit entweder für Kopf zu niedrig (Irrtum 1) oder zu hoch (Irrtum 2) angesetzt hat, also unterscheiden wir die beiden Irrtumsfälle:

Irrtum 1 des Wettanbieters:
Nehmen wir an, dass die Münze nicht mit 80%-iger Wahrscheinlichkeit, sondern sogar mit 90%-iger Wahrscheinlichkeit „Kopf" zulässt. Damit reduziert sich die Wahrscheinlichkeit für Zahl auf 10 %.

Die Annahme des Wettanbieters ist also falsch, denn die Quote für den Favoriten ist zu hoch und – nehmen wir einmal an – der Spieler erkennt den Fehler.

Fall 1: Der Spieler setzt also auf „Kopf" und gewinnt im Durchschnitt neun von zehn Mal. Die Quote des Bookies ist jeweils 1,21, was einen Betrag von 9 x 1,21 = 10,89 ausmacht – ein Gewinn von immerhin 0,89 € auf seinen Umsatz von 10 € oder eine Rendite von 8,9 %.

Wenn der Spieler jedoch den Irrtum nicht erkennt und auf Zahl setzt, dann erlebt er ein Desaster:

Fall 2: Der Spieler setzt auf „Zahl": Der Spieler gewinnt nur eine von zehn Wetten, und dies mit einer Quote von 4,44. Ihm verbleiben nach zehn Wetten ganze 4,44 €, ein Verlust von 5,56 € oder 55,6 % seiner Einsatzes!
Eine finanzielle Katastrophe!

Irrtum 2 des Wettanbieters:
Die Wahrscheinlichkeit für Kopf beträgt nicht 80 %, sondern in Wirklichkeit 70 % – die für Zahl ist dann bei 30 %. Der Außenseiter ist also favorisiert.

Fall 1: Der Spieler erkennt den Irrtum und setzt auf „Zahl": Dann gewinnt er in drei von zehn Fällen, nach zehn Spielen besitzt er also 3*4,44 = 13,32 €, also 3,32 € mehr als wir eingesetzt haben – die Wettsteuer einmal unberücksichtigt. Dies ist eine tolle Rendite von 32,2 %!

Fall 2: Der Spieler erkennt den Irrtum nicht und setzt auf „Kopf": Dann gewinnt er in sieben von zehn Fällen bei einer Quote von 1,21. Er besitzt also nach zehn Wetten

KAPITEL 9

7 x 1,21 € = 8,47 €. Sein Verlust beträgt also 10 - 8,53 = 1,53 €.

Eine Minusrendite von ca. 15 %. Ärgerlich, aber nicht annähernd so vernichtend wie im Irrtum 1 des Wettanbieter falsch zu liegen.

Wir sehen also: Wenn der Wettanbieter zu hohe Quoten ansetzt, können wir Geld gewinnen, wenn wir den Fehler erkennen – oder in eine finanzielle Katastrophe schliddern, wenn wir den Fehler nicht erkennen und auf die falsche Irrtumsquote setzen!

Dabei ist es Ihnen sicherlich nicht entgangen, dass die Gewinne und Verluste des Wettfreunds besonders hoch sind, wenn er auf die Außenseiter setzt – und sogar deutlich über dem Prozentsatz des Irrtums von 10 % liegen, die ich dem Wettanbieter in beiden Fällen unterstellt habe.

Die Gewinne betragen im Außenseiterfall über 30 %, wenn der Wettanbieter sich zu dessen Gunsten um 10 % irrt. Die Verluste liegen sogar bei über 50 %, wenn der Wettanbieter sich in die andere Richtung um lediglich 10% irrt.

Ich formuliere deshalb nach dieser Erkenntnis das **Lorenz-Laplace-Paradoxon:** Ein Irrtum des Wettanbieters um einen gewissen Prozentsatz führt bei Favoriten zu **unterproportionalen Gewinnen.**

Bei Außenseitern sind die **Gewinne und Verluste** überproportional.

Die Verluste bei Favoritenirrtümern sind leider auch überproportional aufgrund der Marge, die ein Wettanbieter nun einmal für sich beansprucht. Zumindest werden sie im Regelfall überproportional sein!

Setzen wir voraus, dass der Wettanbieter sich immer irrt, denn kein Algorithmus kann die Wahrscheinlichkeit einer zukünftigen Sportveranstaltung richtig prognostizieren, so ist es unsere wichtigste Aufgabe zu erkennen, in welche Richtung er sich irrt und ob der Wettanbieter sich **hinreichend stark irrt,** dass er seine Marge übertrifft. Wir erinnern uns: der Wettanbieter zieht von der fairen Quote, die er ermittelt hat, eine Teil ab, um seine Marge zu erwirtschaften.

Vor allem dann, wenn es um Spiele mit nicht gleich starken Gegnern geht, also solche Begegnungen, die deutliche Favoriten und Außenseitern erkennen lassen, besitzen wir eine Chance, dass wir den Irrtum **statistisch erkennen** können. **Denn Favoriten und Außenseiter lassen sich anhand eines einzigen mathematisch einfach zu beschreibenden Kriteriums unterscheiden: Der Quote**

KAPITEL 9

Favoriten oder Außenseiter – Die Fortsetzung von Kapitel 6

Ich möchte zuerst eine Formulierung, die auf den folgenden Seiten öfters vorkommen wird, erklären:

Wenn ich davon spreche, dass durch eine Situation der „Außenseiter begünstigt" oder der „Außenseiter favorisiert"[10] wird, dann bedeutet dies selbstredend nicht, dass der Außenseiter gewinnen wird – auch nicht, dass der Außenseiter mit einer höheren Wahrscheinlichkeit gewinnt als der Favorit.

Es bedeutet lediglich, dass der Außenseiter mit einer höheren Wahrscheinlichkeit gewinnt als die Quote angibt! Dies kann immer noch eine recht niedrige Wahrscheinlichkeit sein, aber die Wahrscheinlichkeit ist eben doch so hoch, dass wir einen positiven Erwartungswert für unsere Wette erhalten.

Zur Erläuterung des Sachverhaltes rufe ich die Irrtumsannahme 2 des Wettanbieters in Erinnerung:

Wahrscheinlichkeit Kopf: 80 %
Wahrscheinlichkeit Zahl: 20 %

---

[10] Eine alternative Formulierung ist noch: „Der Favorit wird benachteiligt."

Der Irrtum 2 des Wettanbieters war: Die Wahrscheinlichkeit für Kopf beträgt nicht 80 %, sondern in Wirklichkeit 70 % – die für Zahl liegt dann bei 30 %.

Wir sehen: Der Außenseiter (Zahl) im Irrtumsfall 2 gewinnt immer noch relativ selten (nur in 30 % der Fälle), ABER wir haben einen positiven Erwartungswert für den Gewinn unserer Wetten, wenn wir auf den Außenseiter setzen. Der **Außenseiter** würde also nach der eingeführten sprachlichen Vereinbarung **favorisiert oder begünstigt** werden.

Je nachdem, ob der Irrtum des Wettanbieters für die Wahrscheinlichkeit zu Gunsten des Favoriten oder der Außenseiter geht, müssen wir unsere Strategie anpassen. Wir als Wettfreunde müssen also erkennen, ob die Favoriten zu hoch bequotet sind oder die Außenseiter. Dies ist, wie ich in meiner Wettgeschichte (Kap. 2) beschrieben habe, nun einmal nicht durchgehend für jede Wette der Fall, aber ich glaube durch meine langjährige Erfahrung und Statistikführung Ihnen dennoch am Ende des Kapitels hilfreiche Tipps für Tendenzen geben zu können. Zunächst stelle ich Ihnen jedoch ein Werkzeug vor, mit dessen Hilfe Sie in Ihrer aktuellen Situation genau dies herausfinden können.

KAPITEL 9

Um zu entscheiden, ob in Ihrer Sportart die Außenseiter oder die Favoriten zu hoch bequotet sind, schlage ich folgendes Vorgehen in vier Schritten vor.

Das Verfahren zur Bestimmung des Irrtums der Wettanbieter – Ein Vier Punkte-Plan nach Lorenz Laplace

1. Identifizieren Sie die Favoriten

Wählen Sie Wetten von Spielen, die einen deutlichen Favoriten erkennen lassen. Die Begegnungen sollten aus dem gleichen Wettbewerb stammen, oder zumindest aus Wettbewerben stammen, die einigermaßen gleich weit fortgeschritten sind, etwa die Fußballligen der Länder Deutschland, Italien, England und Spanien.

Schreiben Sie die Favoriten (nur diese!) in Spalte B untereinander und notieren Sie die Quote der Wettanbieter für einen Sieg des Favoriten daneben. Wählen Sie die Quote für den Favoritensieg jeweils die höchste Quote eines Wettanbieters aus, die Sie neben das Team schreiben (Spalte C).

Ich habe hier nur zehn Teams gewählt, ich empfehle Ihnen aber mehr. Eine typische Tabelle sieht dann vor dem Spieltag etwa so aus (Tabelle 9-1):

	A	B	C	D
1	Favorit Nr.	Quote 1. Spiel		
2	1	1,2		
3	2	1,4		
4	3	1,3		
5	4	1,8		
6	5	1,4		
7	6	1,6		
8	7	1,3		
9	8	1,6		
10	9	1,7		
11	10	1,3		
12				
13				
14				

Tabelle 9-1

2. Überblick verschaffen

Verschaffen Sie sich einen Überblick darüber, ob in der aktuellen Situation die Favoriten insgesamt bessere oder

KAPITEL 9

schlechter Quoten als ihre Ergebnisse erhalten. Nach dem ersten Spieltag schreiben Sie in die Spalte C die Quote neben der gesetzten Quote, wenn der Favorit gewonnen hat, **aber eine 0, wenn er nicht gewonnen hat**. (Skizze:) (Spalte C).

Eine typische Tabelle nach dem Spieltag sieht dann etwa so aus (Tabelle 9-2):

	A	B	C
1	Favorit Nr.	Quote 1. Spiel	Ergebnis SpielQuote = gewonnen 0= richt gewonnen
2	1	1,2	1,2
3	2	1,4	1,4
4	3	1,3	0
5	4	1,8	1,8
6	5	1,4	1,4
7	6	1,6	1,6
8	7	1,3	0
9	8	1,6	0
10	9	1,7	1,7
11	10	1,3	1,3
12		Summe der Quoten:	10,4

Tabelle 9-2

Zur Erläuterung: Im Beispiel haben Team 3, 7 und 8 nicht gewonnen, die anderen Teams sind ihrer Favoritenrolle gerecht geworden und haben gewonnen. Immerhin: Drei der zehn Favoriten sind gestrauchelt, sieben haben gewonnen. Wie kann ich nun errechnen, ob Favoriten allgemein über- oder unterbequotet sind?

Ganz einfach: Addieren Sie alle Zahlen der Spalte C (Kästchen „Summe der Quoten"), und es ergibt sich die Summe 10,4.

Was besagt diese Zahl? Sie bedeutet Folgendes: Die Wettsteuer unberücksichtigt, hätten Sie nach diesem Spieltag 10,40 €, wenn Sie auf jeden Favoriten je einen Euro gesetzt hätten!

Soll heißen: Die Quoten der Favoriten waren „in der Summe" 4 % über dem, was die Favoriten erspielt haben.

Dabei haben wir die 5 %-Marge der Wettanbieter auch schon übertroffen, also ist **der Fehler der Wettanbieter groß genug, um Gewinne zu erwirtschaften. Wir besitzen einen positiven Erwartungswert von 4 %.**

Der Wert 4 % als positiver Erwartungswert schmeckt Ihnen nicht? Das ist Ihnen zu wenig und erinnert Sie an Bausparen, nicht an Wetten?

Irrtum!

Besonders bei Wetten auf Favoriten müssen Sie sich damit abfinden, evtl. mit sehr kleinen positiven Erwartungswerten Gewinne erwirtschaften zu müssen. Dies besagt das Lorenz-Laplace-Paradoxon.

Aber eines fehlt uns noch: Wie können wir aber einen positiven 4 %-Erwartungswert ausnutzen, wenn wir doch eine 5 %-Steuer bezahlen müssen?

Die Antwort ist: Kombinationswetten! (Fall 1 von Punkt 3)

3. Strategie wählen: Favoriten oder Außenseiter?

Verfolgen Sie diesen Überblick mehrere Spieltage lang. Nur, wenn die erspielten Quoten mehrfach über den angesetzten Quoten lagen, dann lohnt es sich, **tendenziell** auf den Favoriten zu setzen (Fall 1).

Liegt sie deutlich darunter (ein Wert von bis zu 5 % unter der erwarteten Zahl von 10 ist normal und nicht deutlich!), dann spielen die Favoriten offenbar schlechter als die Wahrscheinlichkeit, die die Wettanbieter errechnet haben, und die Außenseiter sind so stark überbequotet, dass wir eine Rendite erwirtschaften können (Fall 2).

Sollten die Favoriten Ergebnisse erspielen, die 0–5% unter dem Erwartungswert liegen, dann hat sich der Wettanbieter „in der Summe nicht hinreichend geirrt". Soll heißen, wir können mit der Unterscheidung „Außenseiter oder Favorit" allein auf Grund von Statistiken keinen positiven Erwartungswert erreichen. Dann wetten wir nicht aus statistischer Hinsicht.

Fall 1: Favoriten sind bevorzugt
Wenn Sie nun erkannt haben, dass die Favoriten tendenziell höher bequotet werden als ihre Ergebnisse, dann wählen Sie **Kombinationswetten**, um der Favoriten-Steuer-Regel zu entfliehen!

Kombinieren Sie die Favoriten in mehreren Variationen miteinander bis Sie eine Quote von ca. 5–10 haben. Das können schnell vier oder fünf Favoriten sein, die Sie miteinander kombinieren.

Verfolgen Sie dabei weiter die Erbsenzählerstrategie!

Wählen Sie jede Kombination so, dass die jeweiligen Teilwetten die höchste Quote beim Wettanbieter besitzen, jedes Prozent zählt!

An dieser Stelle möchte ich die Kombinationswetten-Regel modifizieren – nein, sogar in das genaue Gegenteil umformulieren, wenn wir als Wettfreund einen positiven Erwartungswert besitzen.

KAPITEL 9

Wir hatten bei Kombinationswetten in Kapitel 6 zunächst angenommen, dass der Wettanbieter bei jeder Wette eine positive Marge von ca. 5 % aufweist.

Bei Kombinationswetten addieren sich die Margen für jede Wette, die wir in eine Kombinationswette setzen. Eine 5er Kombinationswette besitzt für einen Wettanbieter also eine Marge von ca. 5 x 5 % = 25 % des Einsatzes.[11] **Jetzt haben wir aber dank unserer Statistik eine neue Sachlage:** Die Marge des Wettanbieters ist negativ, die des Wettfreundes positiv: Der Bookie besitzt in unserem Beispiel eine negative Marge von 4 % und wir als Spieler im Beispiel eine positive 4 %-Marge. Damit addieren sich für die Wette analog in der Überschlagsrechnung die positiven Margen:

Wir berechnen: 5 x 4 % = 20 %[12] (Der genaue Wert liegt sogar bei 22 %.)

---

[11] An dieser Stelle möchte ich auf eine mathematische Ungenauigkeit hinweisen, der ich mir bewusst bin: Die Prozente addieren sich nicht nur, sondern es gibt noch den sog. Zinseszinseffekt. Die Marge des Wettanbieters errechnet sich im 5er Kombinationswettenfall wie folgt: $0,95^5 = 0,77$. Damit liegt die Marge des Bookies bei $1 - 0,77 = 0,23 = 23\%$, nicht 25 %.

[12] Auch hier ist die Addition falsch: Der genaue Wert ist $1,04^5 = 1,22$. Damit liegt die Rendite bei ca. 22 % für den Spieler, nicht nur 20 %.

Wenn Sie eine 5er Kombination setzen und bei jeder Wette einen positiven 4 %-Erwartungswert annehmen, dann haben Sie in der Kombination einen positiven Erwartungswert von **über 22 %**.

Eventuell gibt es Promotionen für Kombinationswetten, dann beziehen Sie Promotionen mit in Ihre Strategie ein! Es gibt Wettanbieter, die z. B. auf die Wettsteuer verzichten, wenn man Kombinationswetten wettet.

Andere vergeben Freiwetten für Kombinationswetten. Rechnen Sie sich den Erwartungswert für die Promotionen aus!

In diesen Fällen kommt noch „on the top" der Erwartungswert für die Promotion zu Ihrer Rendite für Ihre Kombinationswette. Damit sind Sie über der Steuer von 5 %, die wir noch bezahlen müssen.

<u>Favoriten-Kombinations-Regel:</u>
Sollten Sie eine positive Marge für die Favoriten vermuten, so setzen Sie Kombinationswetten auf Favoriten!
Die Kombination der Favoriten erhöht den Gewinn so stark, dass sie die Wettsteuer überkompensiert!

Wenn Sie nun mit der zu erwartende Rendite von 20 % und mehr, die ich Ihnen in Aussicht stelle – und die ich

KAPITEL 9

mehrfach in der Praxis erreicht habe , immer noch nicht zufrieden sind, kann ich Ihnen leider nicht mehr helfen. Eine 20 %-Rendite im Durchschnitt ist so ziemlich das Maximum, welches Sie durch solche statistischen Betrachtungen herausholen können. Ich betone, dass es nicht immer möglich ist, überhaupt eine Rendite zu erzielen, denn die Wettanbieter irren sich häufig nicht so stark, dass die Marge übertroffen wird und dass wir als Wettfreund überhaupt eine Rendite erwirtschaften können. Dann dürfen wir nicht wetten!

Wenn Sie die 20 %-Rendite, von der ich hier spreche, mit meinen Wettumsätzen vergleichen, dann sehen Sie: Wenn ich in den letzten drei Jahren einen Wettumsatz von ca. 100.000 € getätigt habe, dann sind die 20.000 € Gewinn tatsächlich damit in einer Überschlagsrechnung abschätzbar. Es war tatsächlich überwiegend der Fall 1, der mich in der ersten Saison meiner Wetten richtig gut hat verdienen lassen.

Psychologischer Hinweis: Die Favoriten-Kombinations-Regel ist von der Psychologie her für viele Wettfreunde nur schweren Herzens zu befolgen. Als Anhänger des Titelanwärters ist es Ihr natürlicher Wunsch, dass die Konkurrenz Ihres Herzensvereines keinen Sieg erringt.

Also sind Sie geneigt, Ihrem Wunschverein einen Sieg in Ihrem Wettschein anzukreuzen, dem konkurrierenden Verein aber das Gegenereignis, nämlich dass er nicht gewinnt. Je knapper die beiden Konkurrenten beieinander liegen, desto stärker ist Ihr Wunsch danach.

Wenn Sie aber mit Sportwetten Geld verdienen möchten, müssen Sie sich von solchen Emotionen lösen, denn die Konkurrenz des Titelanwärters ist nun einmal selbst ein Titelanwärter und damit ein Favorit.

Ich fühle mich immer wohler, wenn ich Wettscheine mit Mannschaften ausfülle, deren Ergebnisse mir egal sind, etwa weil es Mitglieder ausländischer Ligen sind.

Fall 2: Außenseiter sind bevorzugt
Die Favoriten erzielen schlechtere Ergebnisse als ihre Quoten angeben. Das ist der Normalfall! Sie erinnern sich: 5 % Marge für den Wettanbieter sind normal. Dann wetten Sie erst einmal nicht!

Liegen die Ergebnisse der Favoriten in der Summe aber **deutlich unter der 5 %-Marge,** dann sind die Favoriten überbewertet – unter Berücksichtigung der Marge der Wettanbieter – und sie sollten auf das Gegenereignis wetten, nämlich dass der Favorit nicht gewinnt!

KAPITEL 9

Haben Sie eine Sportart gewählt, wo es nur zwei Ergebnisse gibt (kein Unentschieden), etwa Basketball oder American Football. so wetten Sie automatisch auf den Außenseiter.

Im Fußball ist das Gegenereignis zu „Favorit gewinnt nicht" das Ereignis „Außenseiter gewinnt" oder „Unentschieden". Es gibt mit der Wette „doppelte Chance" eine recht bequeme Möglichkeit, diese wieder zu einem Ergebnis zusammenzufassen, aber die Wettanbieter lassen sich dies wieder mit einigen Prozenten bezahlen.

Ich empfehle auch hier, dass Sie Wetten mit einer Quote von ca. 5 bis 10 abschließen, was bei den Außenseiterquoten entweder zu Einzelwetten oder zu 2er Kombinationen führt. Kombinieren Sie auch hier mehrere Variationen miteinander!

Sind die Außenseiterquoten bereits über 5, so bevorzuge ich Einzelwetten.

Nach dem Lorenz-Laplace-Paradoxon genügen bereits geringe Irrtümer zu Gunsten der Außenseiterquote, um eine zweistellige Rendite mit Einzelwetten zu erzielen. Hier muss man als Wettfreund nicht unbedingt Kombinationswetten tätigen, um Rendite nach Steuern zu erwirtschaften.

Kann man Kombiwetten beliebiger Länge generieren?

Sie wollen nun die Frage beantwortet haben, ob man dieses Verfahren der Kombinationswettenbildung nicht noch weiter verbessern kann, indem man die Kombinationswetten im Fall 1 in der Anzahl noch nach oben fährt. Nun, dies führt zu folgenden zwei Problemen:

Erstens wird dies schnell der Erbsenzählerei widersprechen. Sie müssen die Kombinationswetten ja bei einem einzigen Wettanbieter unterbringen. Und wie ich Ihnen in einem konkreten Fall gezeigt habe, gibt es eigentlich keinen Wettanbieter, bei dem alle Favoriten die höchsten Wettquoten besitzen.

Machen Sie sich klar: Ein positiver Erwartungswert von 4 % wird durch eine Quote, die nur 2 % niedriger ist, zur Hälfte aufgefressen!

Zweitens mahne ich Sie, nicht zu hohe Quoten zu generieren. Der Grund ist einfach: Nehmen wir an, Sie haben 1.000 € Startkapital, was ich Ihnen empfohlen habe. Damit können Sie 40 Wetten á 25 € platzieren. Wenn Sie jede Wette mit einer Quote deutlich über 10 – sagen wir 20 – ansetzen, so haben Sie eine gute Wahrscheinlichkeit, dass keine einzige Ihrer Wetten gewinnt, obwohl Sie den

Erwartungswert richtig als positiv errechnet haben! Damit haben Sie Ihr Spielgeld verspielt. Sie benötigen genug Wetten, um seltene negative Ergebnisse, die zufällig nun einmal geschehen können, auszugleichen. Denken Sie an mein Horrorwochenende, von welchen ich Ihnen in meiner Wettgeschichte erzählt habe.

Wenn Sie 40 Wetten á 25 € auf eine Quote von 6 setzen, so ist die Gefahr wirklich nicht sehr groß, dass Sie alle verlieren und pleite sind. Es ist zwar theoretisch möglich, aber sehr unwahrscheinlich, und bei den meisten Lesern sollte sich der positive Erwartungswert dann durchsetzen.

Dennoch: Es wird sicherlich einige Leser geben, die einem seltenem Ereignis aufsitzen werden und einfach Pech haben und ihr Spielgeld vollständig verlieren!

Der letzte Punkt meines Vier-Punkte-Planes geht schon deutlich in die Richtung „hervorragender Sachverstand" (Kapitel 10).

4. Auslese der Favoriten/Außenseiter, die zu hohe Quoten erhalten

Die Überlegungen der Punkte 1 bis 3 können Sie noch verfeinern:

Überlegen Sie sich im Fall 1, welche Favoriten ihrer Rolle nicht gerecht wurden: Sperren Sie die Favoriten, die nicht gewonnen haben vor allem dann, wenn sie schlechte Kritiken für das Spiel erhalten haben!

Wenn es ein „glücklicher Außenseitersieg" war, der zu dem Nichtgewinn geführt hat, dann überlegen Sie nach eigenem Gusto, ob Sie noch einmal auf diesen Favoriten setzen sollten.

Wenn die Reporter auf den Sportseiten jedoch eklatante Schwächen des Favoriten reklamieren, dann sollten Sie diese Pseudofavoriten für die nächste Wette sperren und abwarten, ob dies eine einmalige schlechte Leistung war oder ob der Favorit einfach seiner Rolle derzeit nicht nachkommt! Ein Favorit, der seine Rolle nicht erfüllen kann, wird nicht gewettet, nehmen Sie lieber ein Team in Ihre 20-Mannschaftensammlung, welches deutlich positivere Kommentare erhalten hat und bislang nicht als Favorit angesehen wird.

Umgekehrt: Wenn Sie merken, dass eine Mannschaft als Außenseiter bequotet ist, und sich als Überraschungsmannschaft mausert, dann setzen Sie auf diesen Außenseiter – auch wenn die Favoriten tendenziell höher bequotet sind. Es macht dann Sinn, z. B. einen Favoriten, der gegen diese Überraschungsmannschaft spielt, nicht in eine Kombination aufzunehmen.

KAPITEL 9

Ein Außenseiter wird übrigens im Fußball auch durch Unentschieden zu einer Überraschungsmannschaft. Setzen Sie also im Fußball bei potentiellen Überraschungsmannschaften auf das Ergebnis „Außenseiter verliert nicht".

Der Vier-Punkte-Plan nach Lorenz Laplace an einem konkreten Beispiel:
Ich komme zur Tabelle 9-2 zurück, um Ihnen die Kraft der Kombinationswettenbildung an einem Beispiel vor Augen zu führen.

Nehmen wir einmal an, dass wir im Vorfeld der Matches, die zu Tabelle 9-1 geführt haben, bereits herausgefunden hätten, dass Favoriten ein wenig zu hoch bequotet sind. Wir haben uns also bereits im Vorfeld entschieden.

Und nehmen wir an, dass wir die Ergebnisse der Tabelle 9-2 nicht mit Einzelwetten, sondern mit Kombinationswetten gesetzt hätten, etwa im einfachsten Fall mit 2er Kombinationen. Sagen wir, wir hätten uns entschieden, immer zwei aufeinander folgende Matches miteinander zu kombinieren. Dann ergäben sich fünf Kombinationswetten mit folgenden Quoten:

Kombi 1: Match 1+2, Quote: 1,2*1,4 = 1,68

Kombi 2: Match 3+4   Quote: 1,3*1,8 = 2,34
Kombi 3: Match 5+6   Quote: 1,4*1,6 = 2,24
Kombi 4: Match 7+8   Quote: 1,6*1,3 = 2,08
Kombi 5: Match 9+10 Quote: 1,7*1,3 = 2,21

Dann gewinnen wir die Kombis 1, 3 und 5, bei den Kombinationen 2 und 4 verlieren wir. Wenn wir wieder die Quoten der gewonnenen Kombinationen in eine Zeile D schreiben, wenn wir gewonnen haben, und eine 0 einfügen, wenn die Kombi verloren ging, und dann die Quoten der Kombi-Ergebnisse addieren, so erhalten wir die Tabelle 9-3 (siehe folgende Seite 151).

Was hat sich hinsichtlich des Gewinnes verändert? Wir haben nun 5 € eingesetzt und haben nach Auswertung aller fünf Wetten vor Steuern 6,12 € auf dem Konto.

Dies ist ein Gewinn von 1,12 €. Diesmal aber auf einen Einsatz von 5 €. In Prozent ausgedrückt: 22,4 % Rendite – nicht mehr 4 %!

Sehr kritische Leser werden nun einwerfen, dass ich statistische Augenwischerei betrieben habe, weil ich einen recht positiven Fall angenommen habe.

KAPITEL 9

	A	B	C	D	E
1	Favorit Nr.	Quote 1. Spiel	Ergebnis SpielQuote = gewonnen 0= nicht gewonnen	Ergebnis 2er Kombination	
2	1	1,2	1,2		
3	2	1,4	1,4	1.68	Kombit 1
4	3	1,3	0		
5	4	1,8	1,8	0	Kombi 2
6	5	1,4	1,4		
7	6	1,6	1,6	2.24	Kombi 3
8	7	1,3	0		
9	8	1,6	0	0	Kombi 4
10	9	1,7	1,7		
11	10	1,3	1,3	2.21	Kombi 5
12		Summe der Quoten der 2er Kombination swetten		6.13	

Tabelle 9-3

Ich habe die Ergebnisse so gesetzt, dass wir drei der fünf möglichen Kombinationen gewinnen. Es wäre auch möglich gewesen, dass wir nur zwei der fünf möglichen Kombinationen gewinnen: Mit drei Favoriten-Niederlagen kann ich drei meiner fünf Kombinationswetten zum Verlust wenden – mehr nicht.

Was ist der ungünstigste Fall, wenn ich nur zwei gewonnene Kombinationen voraussetze? Ich muss eine der drei gewonnenen Kombis streichen, die mit dem größten Gewinn, das ist bei uns Kombi 3.

Addieren wir die Gewinne der beiden anderen gewonnenen Kombinationen 1+5, so erhalten wir 1,68 + 2,21 = 3,89 €.

Wir erleiden also einen Verlust von 5 € - 3,89 € = 1,11 €.

Nun vergleichen wir unseren ungünstigsten Fall mit unserem günstigen Fall: Wir haben selbst im absolut **ungünstigsten Fall** einen Verlust von lediglich 1,11 €, in einem „normal günstigen" Fall jedoch einen Gewinn von 1,13 €. Sie sehen, die Gewinne in einem günstigen Fall übersteigen die Verluste im ungünstigsten Fall, zumindest, wenn ich 2er Kombinationen voraussetze.

Auch ein Leser, der der Statistik nicht so zugetan ist, ahnt, dass die Bildung von Kombinationswetten im Fall positiver Erwartungswerte der Einzelwetten die Erwartungswerte noch weiter ansteigen lässt!

Nehmen wir an, dass wir nicht 2er Kombinationen, sondern 3er Kombinationen gesetzt hätten, je mit drei aufeinander folgenden Matches, das letzte Match vernachlässige ich einmal:

Kombi 1:
Match 1, 2, 3;   Quote: $1{,}2 * 1{,}4 * 1{,}3 = 2{,}184$

Kombi 2:
Match 4, 5, 6;   Quote: $1{,}8 * 1{,}4 * 1{,}6 = 4{,}032$

Kombi 3:
Match: 7, 8, 9;   Quote: $1{,}3 * 1{,}6 * 1{,}7 = 3{,}536$

(vgl. Tab. 9-4, nächste Seite 154)

Wir gewinnen nur Kombi 2, damit generieren wir einen Gewinn von 4,032 €. Damit haben wir einen Gewinn von 1,032 € bezogen auf 3 € Einsatz. Ein Prozentsatz von 34,4 %.

GELD VERDIENEN MIT SPORTWETTEN

	A	B	C	D
1	Favorit Nr.	Quote 1. Spiel	Ergebnis SpielQuote – gewonnen 0= nicht gewonnen	Ergebnis 3er Kombination
2	1	1,2	1,2	
3	2	1,4	1,4	
4	3	1,3	0	0
5	4	1,8	1,8	
6	5	1,4	1,4	
7	6	1,6	1,6	4,032
8	7	1,3	0	
9	8	1,6	0	
10	9	1,7	1,7	0
11	10	1,3	1,3	
12		Summe der Quoten der 2er Kombinaticn swetten		4,032

Tabelle 9-4

Dies war wieder ein recht günstiger Fall. Es hätte auch sein können, dass wir eine Wette gewonnen hätten, die eine niedrigere Quote aufgewiesen hat, nämlich die Kombi 1 oder 3. Im Fall der Kombi 3 wäre mit 3 immer noch ein Gewinn von 3,536 - 3= 0,536 € eingefahren worden – eine Rendite von 0,536/3= 17,8 %.

KAPITEL 9

Für den Fall, dass nur Kombi 1 gewonnen worden wäre, ergäbe sich ein Verlust von 3 - 2,184 = 0,86 €. Dies ergäbe einen Prozentsatz von -27,2 %.

Wenn wir jetzt allerdings 4er Kombinationen bilden, dann erleiden wir mit unserem System, immer aufeinander folgende Matche miteinander zu kombinieren, ein Desaster: Es gibt kein einzige Kombination von vier aufeinander folgenden Favoritensiegen.

Es ist zwar möglich, eine 4er Kombination zu gewinnen, etwa wenn man die Matches 1, 5, 6 und 7 miteinander zu einer 4er Kombi zusammen fasst, aber unsere einfache Angewohnheit, immer nur aufeinander folgende Matches miteinander zu kombinieren, führt zu einem Totalverlust.

Dies hatte ich bereits während der Erläuterung des 4-Punkte-Planes angesprochen. Wenn wir zu gierig sind und die Quoten immer weiter in die Höhe treiben, dann erhöhen wir deutlich das Risiko des finanziellen Ruins!

Nichtsdestotrotz: Der Erwartungswert mit 4er Kombinationswetten wäre höher als der von 2er oder 3er Kombinationswetten, aber wir müssten viel mehr Wetten setzen, um einigermaßen sicher zu sein, dass wir eine 4er Kombi auch gewinnen, was ich in diesem Beispiel nicht weiter fortführen will.

Bei Kombinationswetten kann man im ungünstigen Fall auch hohe Verluste erwirtschaften, leider. Aber: Der Erwartungswert der Kombiwetten schnellt in die Höhe, wenn der Erwartungswert der Einzelwetten positiv ist.

Anhand der Beispiele kann ich festhalten:

Man kann auch einen geringen positiven Erwartungswert bei den Einzelwetten mit Kombinationswetten so verstärken, dass wir eine Rendite erhalten, die den Steuersatz von 5 % deutlich übersteigt!

Mit diesem Vier-Punkte-Verfahren werden Sie **aller Voraussicht nach in der Lage sein**, die Marge der Wettanbieter in das Negative zu drücken – und **sich selbst eine positive Marge verschaffen, auch nach Steuern.**

Der Leser hat nun die Wahl: Er kann entweder in Monte-Carlo-Manier mit Echtgeld dieses System ausprobieren oder zuerst mit virtuellem Spielgeld das System überprüfen.

Einen letzten Warnhinweis möchte ich noch geben:

Wie bereits in Kapitel 7 besprochen, oder auch im Lorenz-Laplace-Paradoxon festgehalten, verstärken Kombinationswetten auch negative Erwartungswerte.

Wenn Sie über einige Spieltage die Vermutung gewonnen haben, dass Wetten auf Favoriten einen positiven Erwar-

KAPITEL 9

tungswert besitzen, so liegt dem eine häufige Annahme zugrunde, wenn Sie beginnen, Wetten auf die Favoriten zu platzieren: Sie übertragen nämlich die Vergangenheit auf die Zukunft. Sie setzen voraus, dass die vergangenen Erwartungswerte sich für die anstehenden Spiele nicht oder nicht so stark verändern, dass sie negativ werden.

Aus unseren Überlegungen über das Wettverhalten der Gesamtheit der Wettfreunde spricht auch Vieles dafür, dass dies so sein wird, aber eine Garantie dafür kann leider niemand geben. Insbesondere nenne ich Ihnen im Folgenden noch einige Ausnahmen, weshalb der Trend, dass der Favorit eine zu hohe Quote zugesprochen bekommen hat, sich ändern kann.

Hinsichtlich der Ausnahmen, bei denen Sie bezüglich der Wetttendenz „Außenseiter oder Favorit" vorsichtig agieren sollten, gebe ich Ihnen mit den folgenden Trends meine eigenen Erfahrungen aus den Jahren 2016 bis 2019 mit auf den Weg.

Außenseiter oder Favoriten?

Die Tendenzen einer dreijährigen Marktbeobachtung:
Ich habe dafür lange Statistiken angefertigt und zumindest Trends ausgemacht, an die man sich grob halten kann. Die Überprüfung des aktuellen Trendes obliegt immer noch dem Wettfreund in der aktuellen Situation!

Normaltrend: Normalerweise sind die Außenseiter zu niedrig bequotet, die Favoriten zu hoch. Dies ist dem Wettverhalten der Masse geschuldet. Wettfreunde favorisieren hohe Quoten und setzen deshalb häufiger auf hohe Quoten der Außenseiter und prügeln diese durch ihre eigene Präferenz nach unten. Spiegelbildlich werden die Quoten der Favoriten nach oben gezogen.

Die Quoten für Favoriten werden dadurch überbequotet.

Die folgenden Trends, die diesem Normaltrend widersprechen, sollten Sie bitte nicht als unumstößliche Weisheiten ansehen! Es kann sein, dass zu der Zeit, in der Sie aktiv sind, die Trends anders sind, aber dennoch sollten Sie die Überlegungen für Ihre Wettplazierungen mit berücksichtigen:

Trend 1: Der Beginn einer Saison: Außenseiter bevorzugen!
Zu Beginn einer Saison stehen die Chancen nicht schlecht, dass Außenseiter ein wenig höher bequotet sind als es ihnen zusteht. Die Quoten richten sich nach den Erfolgen der Vorjahre und nicht nach einem vollkommen neuen Stand, den die Transfers eventuell verursacht haben. Die Teams sind noch nicht so gut einschätzbar wie während der Saison. Deshalb sind Außenseitererfolge und damit Favoritenstürze zu Beginn der Saison häufiger.

Trend 2: Mitte/Ende der Saison: Favoriten bevorzugen! (-> Normaltrend)
Während der Saison verschieben sich die Quoten mehr und mehr in Richtung der Favoriten, da die Wettfreunde und Wettanbieter ein immer besseres Gespür für die tatsächliche Wahrscheinlichkeit bekommen, die den einzelnen Teams zustehen. **Aber die Wettfreunde favorisieren nun einmal hohe Quoten, deshalb werden diese häufiger getippt als die Quoten für die Favoriten.** Die Außenseiter werden mehr und mehr niedriger bequotet als es ihnen zusteht.

Demgegenüber werden die Favoriten mehr und mehr nach oben korrigiert und liegen schließlich sogar über der

Wahrscheinlichkeit minus der Marge, die ein Wettanbieter einfordert. Der Normaltrend entsteht.

Trend 3: Alles-oder Nichts-Situationen begünstigen jedoch wieder Außenseiter
Eine Ausnahmesituation bilden allerdings Spiele, die einen Alles-oder-Nichts-Charakter besitzen. Dazu zähle ich z. B. Pokalspiele, aber auch die letzten Runden von kurzen Qualifikationswettbewerben, etwa die Vorrunden der Champions League oder Europa League oder auch die letzten Spiele einer Saison, in denen es um bestimmte Tabellenplätze wie Meisterschaft, Abstieg, oder Qualifikationsplätze für Champions League o. ä. geht.

Der Favorit steht unter besonderem Druck, seine guten Leistungen der Vergangenheit zählen nicht, es zählt nur dieses Spiel, sonst nichts.

Hier habe ich die Tendenz ausgemacht, dass der Druck den Favoriten häufig straucheln lässt und es häufiger „seltene Ergebnisse" gibt als es im normalen Spielbetrieb vorkommt.

Da aber die Wettbüros und die Wettfreunde die Quoten aus dem normalen Spielbetrieb übertragen, sind Favoritenstürze häufiger und die Quoten auf den Favoriten deshalb zu niedrig.

KAPITEL 9

Ich formuliere deshalb die **Regel für Spiele mit Alles-oder-Nichts-Charakter:** (Ausnahme der Krasse-Außenseiter-Regel) Es kann Sinn machen, auf hohe Außenseiter zu setzen, wenn das Spiel einen Alles-oder-Nichts-Charakter besitzt.

Trend 4: Freundschaftsspiele: Außenseiter werden favorisiert!
Freundschaftsspiele sind normalerweise keine Sportereignisse mit hinreichend hoher Popularität, weshalb die Margen der Wettanbieter höher sind als bei den Spielen, in denen es um die begehrten Trophäen geht. Es gibt jedoch Ausnahmen: Einige Freundschaftsspiele in der Sommerpause werden doch von einer großen Fangemeinde beachtet. Bei Freundschaftsspielen sollten Sie bedenken, dass der Favorit häufig mit neuen Spielern experimentiert und so nicht seine volle Stärke entfaltet. In Freundschaftsspielen sollte man nicht auf den Favoriten setzen. Der Außenseiter ist etwas begünstigt.

Trend 5: Besondere Umstände: Außenseiter werden favorisiert

Besondere Umstände lassen ebenfalls häufig die Favoriten straucheln. Dazu gehört zum Beispiel eine englische Woche (zusätzliche Spiele, vor allem, wenn der Favorit zusätzliche Spiele in internationalen Wettbewerben zu bewältigen hat, der Außenseiter nicht).

Aber auch ungewöhnliche Witterungsbedingungen (Schnee, heftige Regenfälle bei Sportarten, die im Freien betrieben werden) bieten höhere Wahrscheinlichkeiten für Außenseitererfolge.

Wenn Sie sich solcher „besonderer Umstände" bewusst sind, sollten Sie dies mit in Ihre statistischen Überlegungen einfließen lassen. Eine klare Regel kann ich Ihnen jedoch nicht formulieren, dazu ist die Materie zu kompliziert.

Trend 6: Internationale Vergleiche, Länderspiele o. ä: Außenseiter sind begünstigt:

Ich habe die Tendenz ausgemacht, dass bei Spielen, in denen es weniger Vergleichsmöglichkeiten gibt als in langen Wettbewerben, die Bequotung der Wettanbieter auch häufig den Außenseiter begünstigt. Wenn eine deutsche und eine italienische Mannschaft aufeinander treffen, dann ist es einfach schwieriger, die Wahrscheinlichkeiten für die Ergebnisse zu bestimmen, da die Vergleiche der beiden Mannschaften schwieriger sind. Häufig sind dann die Außenseiter höher bequotet. Deshalb wette ich in den internationalen Wettbewerben tendenziell auf den Außenseiter, insbesondere bei Wettbewerben mit Länderspielen, wie Europa- und Weltmeisterschaften und vor allem zu Beginn der Wettbewerbe. Kaum ein Sportexperte kann die Spielstärke einer afrikanischen Mannschaft im Vergleich zu einer unbekannten asiatischen Mannschaft in Relation setzen kann. Das ermöglicht eben häufiger Siege von Außenseitern mit entsprechenden Gewinnchancen, insbesondere wenn hohe Quoten vorliegen.

Trend 6a: Bedeutung der Größe der Länder
große Länder: unterbequotet
kleine Länder: überbequotet
Ich glaube noch einen weiteren Trend ausgemacht zu haben: Mannschaften aus Ländern, die eine deutlich geringere Einwohnerzahl besitzen als andere, sind häufig überbequotet. Dies liegt daran, dass die Wettfreunde in der Regel einen Nationalstolz besitzen und deshalb tendenziell auf das Team des eigenen Landes setzen. Damit startet wieder

der bereits oft erwähnte Prozess: Die Quote des Landes mit der geringeren Anzahl an Anhängern liegt höher als die zugehörige Wahrscheinlichkeit, der ihr zusteht und umgekehrt. Die Länder, die mehr Einwohner aufweisen, haben tendenziell eine etwas zu hohe Quote.

Länder, in denen das Wetten weiter verbreitet ist als in den anderen (britische Inseln!) haben häufig zu niedrige Quoten. Die Länder, in denen das Wetten verpönt ist, eher zu hohe Quoten.

Trend 6b: Bedeutung der wirtschaftlichen Potenz der Länder wirtschaftlich starke Länder: unterbequotet, wirtschaftlich schwache Länder: überbequotet

Ähnliche Tendenzen sind klar erkennbar, wenn man Mannschaften aus wirtschaftlich starken Ländern mit denen wirtschaftlich schwacher Länder gegenüberstellt: Die Bevölkerung der Länder Osteuropas oder des Balkans hat nur einen Bruchteil des Geldes für ihre Wettleidenschaft zur Verfügung, als ein deutscher, niederländischer oder britischer Wettfreund besitzt. Deshalb werden wieder aus „Fantreue" deutlich niedrigere Summen auf die Teams aus einkommensschwachen Ländern gesetzt als auf die einkommensstarken.

KAPITEL 9

Dies begünstigt die Quoten der Teams aus den wirtschaftlich schwächeren Ländern, die Teams aus den einkommensstarken Ländern strauchen gegen diese Teams häufiger, als die Quoten besagen!

Bislang habe ich mit der Befolgung dieser Überlegungen recht gute Gewinne gemacht, allerdings sehr unstetige, denn gerade im Fußball sind aus Großbritannien in den letzten Jahren international recht erfolgreiche Mannschaften empor gekommen.

Trend 7: Winterpause/Lange Unterbrechung von Wettbewerben: Quoten allgemein überprüfen!

Eine besondere Bedeutung kommt in Europa der Winterpause zu: Ich habe schon oft erlebt, dass die Karten nach der Winterpause neu gemischt wurden. In der Winterpause gibt es die Möglichkeit, die eigenen Möglichkeiten auszuschöpfen und die eigenen Fehler auszubügeln. Die Favoriten, die zuvor von mir aussortiert wurden, hatten sich teilweise wieder gefangen und lieferten plötzlich weit überdurchschnittliche Ergebnisse. Außenseiter mauserten sich nach der Winterpause zu Überraschungsmannschaften.

Also, spätestens nach der Winterpause die Prozedur wiederholen!

Trend 8: Außenseiter bei anderen Sportarten als Fußball im Vergleich, NFL, NHL und NBA:
Wenn Sie diese Ausführungen zusammenzählen, dann finden Sie auch eine Erklärung dafür, dass sich meine Erkenntnisse für die europäischen Fußballligen aus dem Jahr 2016 nicht so ohne Weiteres auf die NFL oder Eishockey in Amerika übertragen ließen:

Bei der **amerikanischen Footballliga NFL** werden die 32 Teams zu vier sog. „Divisionen" à 8 Mannschaften zusammengefasst. Lediglich diese 8 Mannschaften spielen untereinander alle möglichen Paarungen aus. Zusätzlich gibt es noch einige Paarungen zwischen den Mannschaften zweier verschiedener Divisionen, danach geht es in eine K.O.-Phase, um den Sieger auszuspielen.

Dies ist ein ganz anderes Wettbewerbsschema als der über 40 Runden dauernde Wettbewerb der Fußballnationalligen in Europa, in deren Verlauf die Wettfreunde eine gewisse Sachkompetenz erwerben, und die Wahrscheinlichkeiten der zukünftigen Begegnungen offenbar recht gut einschätzen können. Diese Sachkompetenz können die Wettfreunde, die auf die NFL setzen, nicht in dem Maße während des Tunieres erlangen, wie die Fußballfans der europäischen Ligen.

KAPITEL 9

Tendenziell sind beim NFL-Wettbewerb die Außenseiter höher bequotet, nicht die Favoriten.

Deshalb habe ich einen so schrecklichen Schiffbruch erlitten, als ich auf die Favoriten Kombinationswetten in der NFL setzte: Die Favoriten waren zu niedrig bequotet und die zu niedrigen Wahrscheinlichkeiten multiplizierten sich und ergaben Wettergebnisse, die noch nicht einmal den positiven Erwartungswert der Promotion ausgleichen konnten. Dieser Trend wiederholte sich übrigens in den Folgejahren.

Die **amerikanische Eishockeyliga NHL** hat einen ähnlichen Wettbewerbsmodus wie die NFL. Wegen der recht hohen Margen der NHL habe ich hier nur selten gewettet und nur wenige Statistiken geführt. Aber auch hier habe ich den gleichen Trend ausgemacht wie bei der NFL: Tendenziell sind die Außenseiter bevorzugt, nicht die Favoriten.

Die **amerikanische Basketballliga NBA** hat eine erste Unterteilung in zwei sog. „Conferences" mit je 15 Mannschaften. In diesen Conferences werden alle möglichen Paarungen untereinander ausgespielt. Dies besitzt einen ähnlichen Wettbewerbscharakter wie die europäischen Fußballligen – und die Quotenfavorisierungen haben in den letzten drei Jahren ähnliche Tendenzen wie im europäischen Liga-Fußball aufgewiesen, weil die Basketballfans während des Tunieres die gleiche Sachkompetenz erlangen.

Die Freunde des **Tennis** und des **Boxsportes** mögen enttäuscht sein, dass ich die Anfertigung der Statistiken nur auf Mannschaftssportarten beschränkt habe. Dies trägt der besonderen Charakteristika der Wettbewerbsarten Rechnung: Eine Niederlage in einem Wettbewerb beim Tennis oder beim Boxen hat in der Regel das Ausscheiden des Spielers in dem Wettbewerb zur Folge. Damit gibt es keine Favoriten mehr, die bereits einmal gestrauchelt sind.

Für die Tennisfreunde habe ich jedoch noch eine gute Anregung: Wenn Sie sich Tabellen über mehrere Tennisopen anfertigen, so besitzen Sie gute Chancen auch hier Trends auszumachen. Wegen meines fehlenden Interesses an dieser Sportart habe ich hier keine Erfahrungen, die ich mitteilen könnte.

Zusammenfassung der Trends:
Der Normalfall ist, dass Favoriten zu hoch bequotet werden, Außenseiter zu niedrig. Der Normalfall besitzt jedoch eine Reihe von Ausnahmen, die beachtet werden müssen.

KAPITEL 9

Ihre Statistiken im aktuellen Fall werden es Ihnen ermöglichen, den jeweiligen aktuellen Irrtum des Wettanbieters zu erkennen und dementsprechend Ihre Wetten zu platzieren.

Allgemein darf ich Ihnen ans Herz legen: Wenn Sie unsicher sind, ob Ihre bisherigen statistischen Betrachtungen nicht mehr richtig sind, dann unterlassen Sie das Wetten und beobachten wieder den Markt. Legen Sie sich eine neue Strategie fest, indem Sie neue Statistiken anfertigen!

Ich habe Ihnen in diesem Kapitel zum ersten Mal Kombinationswetten empfohlen, wenn bestimmte Bedingungen vorliegen. Für Kombinationswetten gibt es eine sehr interessante Promotion, die ich bislang bewusst ausgelassen habe.

Einschub: Die Kombiwetten-Versicherung

In meiner Wettgeschichte habe ich von einer Promotion gesprochen, welche besonders günstig ist, wenn man auf Favoriten setzt. In Kapitel 5 findet man diese jedoch nicht. Dies habe ich bewusst so angelegt, denn ich wollte, dass Sie das Buch bis hierhin lesen, um Ihnen die Promotion nun zu erläutern.

Es ist die Kombiwetten-Versicherung, manchmal „Acca-Versicherung" oder „Acca-Insurance" genannt.

Diese gibt es für 4er, 5er oder 6er Kombinationen bei mehreren Wettanbietern. Ich erläutere hier den Fall einer 4er Kombination, analoge Schlüsse für 5er Kombinationen sind leicht übertragbar:

*Wenn Sie eine 4er Kombination abschließen, so gewinnen Sie nur, wenn alle vier Wetten gewonnen werden. Ein Verlust einer einzigen Ihrer vier Wetten zieht normalerweise den vollständigen Verlust Ihres Einsatzes nach sich. Bei der 4er Kombiwetten-Versicherung jedoch erhalten Sie bei dem Verlust von **einer einzigen Wette** Ihrer vier Wetten immerhin noch eine Gratiswette im Wert Ihres Einsatzes als Trostpflaster. Nach dem bisher Gesagten über Gratiswetten wissen Sie, dass Sie damit immerhin 80 % Ihres Einsatzes zurückerhalten, Sie verlieren also nur 20 % Ihres Einsatzes!*

Nur wenn zwei oder mehr Wetten Ihrer 4er Kombi verlieren, dann verlieren Sie den gesamten Einsatz.

Wie ist der Erwartungswert dieser Promotion?

Der Wert der Promotion hängt sehr stark von den Quoten der Wetten ab, die Sie in Ihre Kombination aufnehmen.

KAPITEL 9

Ich versuche, dies so einfach wie möglich zu erklären, dies geschieht an einem Beispiel:

Nehmen wir im einfachsten Fall an, dass Sie alle vier Wetten mit der Quote 2 abschließen. Dies könnten Sie einfach mit Münzen nachbilden: Sie werfen einfach vier Münzen, und identifizieren die Kopfseite mit einem Gewinn der einzelnen Wette. Vielleicht machen Sie die Münzen unterscheidbar, indem Sie unterschiedliche Münzen wählen, sagen wir ein 1 Ct-Stück, ein 2 Ct. Stück usw...

Dann fertigen Sie eine Tabelle an, in der Sie Kopf und Zahl für jede Münze festhalten. Werfen Sie wenigstens 100 Mal alle vier Münzen und halten Sie das Ergebnis fest!

Sie gewinnen Ihre Kombinationswette, wenn alle vier Münzen Kopf zeigen, das sollte bei jedem 16. Mal der Fall sein (Sie müssen 2*2*2*2 = 16 berechnen), also bei 100 Würfen etwa sechs mal der Fall sein.

In jedem dieser Gewinne erhalten Sie den 16-fachen Gewinn Ihres Einsatzes, also 16 €, wenn wir wieder 1 € als Einsatz nehmen.

*Wir ermitteln nun die Wahrscheinlichkeit dafür, dass **genau eine Wette verliert**, also dass wir nur 0,20 € Verlust erleiden:*

Die Wahrscheinlichkeit, eine einzelne Wette zu gewinnen oder zu verlieren ist in unserem Beispiel gleich 50 % = 0,5.

GELD VERDIENEN MIT SPORTWETTEN

Wir erhalten also für die Ergebnisse – bezogen auf unsere vier Münzen –:

K, K, K, Z und K, K, Z, K und K, Z, K, K und Z, K, K, K jeweils die Wahrscheinlichkeit 1/16, dies tritt aber eben vier Mal auf, also ist die Wahrscheinlichkeit dafür, dass wir nur 0,2€ verlieren werden gleich 4*1/16 = 0,25 oder 25%. Wenn wir bedenken, dass wir 80 % unseres Verlustes in 25 % der Kombinationswetten, die wir eingehen, sparen, so errechnet sich ein beachtlicher Prozentsatz der Einsparung von 0,8*0,25 = 0,2 = 20 % unseres Einsatzes!

Leider müssen wir nun noch die Marge der Wettanbieter und die Steuer berücksichtigen: Bei einer 4er Kombi waren dies in der Überschlagsrechnung für Kombiwetten 25 %, wenn wir genau rechnen 23 %.

Egal, welchen Wert wir nehmen, die Marge der Wettanbieter dreht den Wert unserer Promotion in das Negative!

Wenn wir nun auf Favoriten setzen, so ergibt sich folgendes Bild: Nehmen wir an, wir würden auf vier Favoriten mit Quoten von 1,5 setzen. Dann hätten wir eine Quote von 1,5*1,5*1,5*1,5 = 5,06 in der 4er Kombination.

Die faire Wahrscheinlichkeit zu 1,5 liegt bei 2/3 = 67 % = 0,67. Die Wahrscheinlichkeit, eine Wette auf eine Quote von 1,5 zu verlieren, bei 33 % = 0,33.

KAPITEL 9

Wie groß ist die Wahrscheinlichkeit, genau eine Wette zu verlieren?

Die Wahrscheinlichkeit, die erste Wette zu verlieren, und die anderen drei nicht, liegt bei 0,33*0,67*0,67*0,67 = 0,098 = 9,8 %.

Analog sind die Wahrscheinlichkeiten, die zweite Wette zu verlieren, die dritte Wette zu verlieren und die vierte Wette zu verlieren, jeweils 9,8 %.

Die Wahrscheinlichkeit, genau eine Wette zu verlieren, die anderen drei zu gewinnen, liegt also bei 4*9,8 % = 39,5 %.

Wir sparen also bei fast 40 % der Wetten 80 % unseres Wetteinsatzes. Das ergibt 0,8*0,4 = 0,32 = 32 %. Und diese 32 % sind eben höher als die 23 % Marge und Steuer! Sie übersteigen den Betrag um ca. 9 %.

Sie erkennen: Je höher die Wahrscheinlichkeit des Gewinnes meiner Einzelwetten war, desto stärker wirkt sich der Effekt aus. Also: Je höher der Favorit, den ich wähle, desto größer ist der Einspareffekt bei meiner Kombiwettenversicherung. Im Extremfall habe ich in der Praxis die in der Wettgeschichte erwähnten 15 %. errechnet.

Wenn Sie nun die ca. 9 % Rendite aus der Promotion der Kombiwettenversicherung mit der Rendite einer 5er Kombination mit einer positiven Marge von ca. 6 % pro

Einzelwette kombinieren, erhalten Sie: $1{,}06^5 = 1{,}33$ und damit 33 % Rendite OHNE Promotion. Berechnen wir dazu die 9 % Erwartungswert aus der Promotion, ergibt sich ein Erwartungswert über 40 %. Ein gigantischer Prozentsatz, den ich zwischen Oktober 2016 und Sommer 2017 tatsächlich fast durchgängig realisiert habe!

In der Saison 2016/17 hatte ich den stärksten Zuwachs meines Vermögens mit dieser Promotion bei Fußballwetten, ich konnte diesen Erfolg leider nicht in diesem Maße wiederholen, aber **tendenziell** *setzte sich der Erfolg in der Mitte und am Ende der Fußballsaison 2017/18 und 2018/19 fort. Zu Beginn der Spielzeiten konnte ich mit der Kombiversicherung im August 2017 und 2018 keine Erfolge erzielen, ich verlor sogar Geld.*

Die Kombiwetten-Versicherung halte ich persönlich für die attraktivste Promotion überhaupt, **wenn man sie richtig einsetzt!** *Es gehört aber mathematisches Verständnis dazu, dies zu erkennen und umzusetzen.*

Es sei noch erwähnt, dass bei zwei Wettanbietern diese Promotion nicht zum gleichen Erfolg führte wie bei den anderen. Der Grund war einfach: Die Favoriten waren bei diesen Anbietern viel niedriger bequotet als bei den anderen Wettanbietern. Dies hat den Erfolg verhindert.

KAPITEL 9

Diese Erfahrung ist eine perfekte Bestätigung dafür, dass Erbsenzählen eine ganz wesentliche Voraussetzung für einen Wetterfolg ist.

Andere Unterscheidungen als Favorit und Außenseiter: Ich habe mich in diesem Kapitel bis jetzt fast ausschließlich auf die Unterscheidung „Favorit" und „Außenseiter" beschränkt. Ich möchte erwähnen, dass Sie selbstverständlich auch andere Unterscheidungen treffen können: Unterscheiden Sie die Mannschaften gerne nach anderen Gesichtspunkten, etwa nach ihrer Herkunft! „Englische Mannschaften" oder „Mannschaften aus Osteuropa" o. ä. bieten sich an.

Sie können Statistiken nach Art der Ergebnisse anfertigen: Es werden mehr als „X Punkte" erzielt (z. B. bei Basketball), o. ä.

Die Statistiken der Wettanbieter sind auch in dieser Hinsicht nicht genau. Berechnen Sie zuerst die Marge der Wetten, für die Sie eine Statistik anfertigen wollen, dann entscheiden Sie, ob es sich lohnt, eine Statistik anzufertigen und dann legen Sie los. Wenn Sie einen statistischen Zusammenhang zu Ihren Gunsten erkannt haben, dann sollten Sie wetten, die Wettanbieter können nicht so schnell reagieren wie Sie!

Beachten Sie aber: Die Ergebnisse der Statistik aus der Vorwoche müssen sich nicht unbedingt auf die nächste Woche übertragen lassen.

Es kann sein, dass Sie in Ihrer Statistik einem relativ seltenen Ereignis der Vergangenheit aufgesessen sind. Wenn die Wettergebnisse nicht Ihrer Statistik entsprechen, dann unterlassen Sie nach einigen Anläufen das weitere Wetten nach Ihrem alten Schema!

Ich habe mit diesen Statistiken den Großteil meiner Wettgewinne erzielt und das Verhalten der Wettanbieter, die Quoten der Vergangenheit dem Wettfreund nicht mehr zugänglich zu machen, passt perfekt zu der Absicht, den Wettfreunden die Anfertigung solcher Statistiken zu erschweren.

Neben der hervorragenden Sachkenntnis (Kapitel 10) ist die Anfertigung und Auswertung einer Statistik die einzige Möglichkeit, die Margen ins Positive für den Wettfreund zu drücken.

Geringe positive Margen bei einer Einzelwette können mit Kombinationswetten zu stattlichen Renditebringern multipliziert werden, die auch den Steuernachteil übersteigen können.

KAPITEL 10

Gewinne durch herausragenden Sachverstand in einer Sportart

Dieses Kapitel ist vielleicht genau das, was der durchschnittliche Sportwetter sich zu Beginn gewünscht hat: Wie kann ich durch mein Fachwissen herausfinden, in welcher Situation eine Quote zu einer Wahrscheinlichkeit gehört, die größer ist als die gegebene Quote?

Ich betone dabei: Ich glaube nicht daran, dass ich zu den wirklichen „Sportexperten" gehöre. Die einzige Sportart, die ich selbst mehrere Jahre wirklich intensiv betreiben habe, war während meines Studiums der koreanische Kampfsport Taekwondo – eine Sportart, auf die ich nicht wetten würde. Die Gründe sind Ihnen bekannt.

GELD VERDIENEN MIT SPORTWETTEN

Die einzige Sportart, die hinreichend populär ist, um darauf zu wetten, und von der ich die Regeln einigermaßen vollständig beherrsche, ist Fußball. Fußball ist die einzige Sportart, bei der ich immerhin Spiele in voller Länge angesehen habe, davon ganze zwei im Stadion! Erst mit Anfang Vierzig bin ich in einen Verein eingetreten und kicke dort in einer „Alte-Herren-Mannschaft", wobei ich auch in dieser Gruppe zu den schwächeren Spielern gehöre.

Es gibt viele Menschen in Deutschland, die viel sicherer die Spieler der Mannschaften herunterbeten können als ich, und zudem die Stärken und Schwächen der Spieler viel besser kennen als ich. Sie sehen, dass selbst im Fußball meine Sachkenntnis nicht unbedingt als „herausragend" zu bezeichnen ist.

Ich bezeichne mich deshalb als „Durchschnittsfan", aber nicht als „Fußballexperten".

Dennoch habe ich in einigen wenigen Fällen mit Sachverstand die richtigen Entscheidungen getroffen. Zwei davon werde ich Ihnen hier am Ende des Buches erläutern, wobei ich ein einziges Mal ein konkretes Team benennen möchte: Die deutsche Fußball-Nationalmannschaft während der WM 2018.

KAPITEL 10

Dies halte ich deshalb für hinnehmbar, weil ich davon ausgehe, dass aufgrund der Popularität der Sportart und des Wettbewerbes die meisten der (deutschen) Leser sich noch lange an diesen Wettbewerb erinnern werden – und, was ganz entscheidend ist, an sein Vorspiel.

Ich betone, dass die Beschreibung der Situation der deutschen Fußball-Nationalmannschaft und die Bewertung der Spiele ausschließlich meine persönliche Meinung ist, die sich aus meinen Erinnerungen der im Fernsehen betrachteten Spiele und Kommentare herleitet.

Deutschland war vor der WM 2018 amtierender Weltmeister. Die WM 2014 verlief für Deutschland wie aus einem Guss: Packende Spiele, die eine sehr konstante deutsche Mannschaft verdient zum Weltmeister machten. Besonders eindrucksvoll war ein regelrechter Kantersieg gegen den Gastgeber Brasilien.

So ein Erfolg des letzten Turnieres lässt die Quoten für das Team im nächsten Wettbewerb purzeln – und die der konkurrierenden Mannschaften in die Höhe schnellen.

Auch bei der EM 2016 spielte die deutsche Nationalmannschaft ein gutes Turnier, auch wenn sie im Halbfinale ausschied.

Deutschland war **vor der WM 2018** klarer Mitfavorit auf den Titel – zumindest den Quoten nach!

Aber wie erbärmlich spielte die Nationalmannschaft die Qualifikationsrunden und die Testspiele unmittelbar vor der WM 2018! Ich erinnere mich gut an ein Testspiel gegen Saudi-Arabien, welches gegen die Nummer 96 (?) der Welt nur mit Glück und viel Mühe 2:1 gewonnen wurde. Gegen Österreich verloren wir. Auch die anderen Spiele waren bei weitem von der Form entfernt, die Deutschland 2016 oder gar 2014 gehabt hatte.

Woran das lag? **Das vermag ich nicht zu beurteilen.** Aber als Fan der deutschen Nationalmannschaft habe ich mich in den letzten Spielen, die ich vor der WM 2018 sah, eigentlich nur über die vielen Fehlleistungen im deutschen Team aufgeregt. Ich bekenne mich zwar dazu, dass ich für niemanden aus dem Kader 2018 eine wirkliche Verbesserung hätte nennen können, aber die Leistungen in den Spielen zuvor waren selbst für mich erkennbar schlecht.

Auf den Pressekonferenzen wurden die Ergebnisse der Veranstaltungen von den Verantwortlichen schön geredet. Sinngemäß-wörtlich kann ich mich an Ausreden erinnern, die da hießen: „Das war nur ein Testspiel. Erkenntnisse sind wichtiger als Ergebnisse" oder „Wir hatten viel mehr

KAPITEL 10

Ballbesitz, wir müssen jetzt noch daran arbeiten, dies in Torchancen umzusetzen" und ähnliches war zu hören.

In den Gastwirtschaften wurde dann beschworen, dass „Deutschland bekanntlich eine Turniermannschaft sei, die sich ja regelmäßig in wichtigen Turnieren steigere."

„Deutschland ist noch nie in einer WM in der Vorrunde ausgeschieden!", hieß es unisono. Vergleichen Sie die Stimmung mit den angesprochenen Aspekten des vorherigen Kapitels:

Die Erfolge der Vorjahre zählen, nicht die aktuelle Leistung!

Wer die Spiele gesehen hatte musste erkennen: Deutschland war kein Mitfavorit! Die Nationalmannschaft war sogar für einen Durchschnittsfan wie mich wirklich weit von der Form der vorherigen Turniere entfernt.

Und nun kommt meine Wett-Reaktion, für die ich fürstlich belohnt worden bin.

Ich wettete während der Vorrunde der WM gegen den vermeintlichen Favoriten Deutschland, für den mein Herz eigentlich schlug! Soll heißen: Ich habe auf jedes der drei Spiele gegen Mexiko, Schweden und Südkorea jeweils einen relativ hohen Betrag auf das Ereignis „Deutschland gewinnt nicht" gesetzt.

GELD VERDIENEN MIT SPORTWETTEN

Gegen Mexiko habe ich noch auf „Unentschieden oder Sieg Mexiko" getippt. Mexiko gewann, ein stattlicher Gewinn wurde eingefahren, der im dreistelligen Bereich lag.

Gegen Schweden wettete ich genauso.

Das Spiel gegen Schweden habe ich noch gut in Erinnerung: Bis auf die letzten zehn Minuten, in denen Deutschland noch in Unterzahl in der letzten Minute verdient ein Freistoßtor gelang, waren die Schweden mindestens ebenso stark wie Deutschland. Dennoch: Deutschland gewann gegen Schweden und ich verlor meine Wette. Sie sehen, auch mit Sachverstand kann man Wetten verlieren!

Nun stand alles auf Messers Schneide: Gegen Südkorea musste ein Sieg her – koste es, was es wolle! Eine typische Situation: Vergleichen Sie die Alles-oder nichts-Spiele-Regel. Ein Ergebnis war dabei für einen Fachmann aber deutlich unwahrscheinlicher als in den anderen Spielen: Das Unentschieden. Wenn es noch kurz vor Schluss Unentschieden steht, dann musste Deutschland alles nach vorne werfen, um vielleicht doch noch das alles entscheidende Tor zu erzielen.

In solchen Situationen geht manchmal in den letzten Minuten sogar der Torwart mit nach vorne, da es egal

KAPITEL 10

ist, ob man Unentschieden spielt oder verliert. Diese besondere Situation macht das Ergebnis Unentschieden unwahrscheinlicher, denn entweder gelingt noch das Tor oder es erfolgt durch einen Konter das Gegentor.

Ich setzte 60 € Prematch bei einer Quote von 18:1 auf Sieg Südkorea.

Südkorea, mittlerweile sicher ausgeschieden, verteidigte tapfer, die deutschen Pseudo-Superstars schoben ideenlos den Ball in den eigenen Reihen hin und her, niemand wollte die Verantwortung übernehmen. Echte Torchancen bleiben aus. Halbzeitstand: 0:0.

Mit jeder Spielminute, die in der zweiten Halbzeit beim Stande von 0:0 verstrich, wurde Deutschland nervöser.

Kurz vor dem Spielende rückten die deutschen Verteidiger mit auf, boten den Südkoreanern die Lücken, die diese für einen Konter nutzten – 0:1 für Südkorea!

Innerhalb der letzten Minuten erfolgte dann noch das 2:0 für Südkorea. Deutschland war verdient ausgeschieden.

Die 18:1-Quote brachte über 900 € in meine Kasse.

Typisch für den Erfolg: Der Sportwetter hat sich gegen das Team entschieden, für das sein Herz eigentlich schlägt, weil die Schwäche so offenkundig war, dass er sie in den vorherigen Spielen erkannt habe.

Ich möchte noch erwähnen, dass man bei einer 18:1-Quote selbstverständlich nicht davon ausgehen kann, dass man alle Wetten gewinnt, aber ich bin überzeugt davon, dass ich mit dieser Wette einen positiven Erwartungswert hatte.

Was ich mit dieser Anekdote bei Ihnen bewirken möchte? Wetten Sie auch **gegen Ihr Lieblingsteam** – wenn es denn schlecht spielt! Fantreue in schweren Zeiten drücken Sie nicht durch Abgabe von Wetten auf Ihr Lieblingsteam aus, obwohl es nicht die Leistung erbringt, die man ihm im Allgemeinen zumutet.

Ein Leitfaden für Livewetten im Fußball anhand eines Beispiels:

Es kommt die Frage auf, wie man Aussagen wie „der Außenseiter spielt heute besser als der Favorit" bei Livespielen mathematisieren kann. Ich habe dabei für einen speziellen Fall der Livewetten zumindest einige Ansatzpunkte aus der Mathematik im Hinterkopf, die einen psychologischen Hintergrund besitzen.

Wer selbst einmal irgendeine Mannschaftssportart aktiv betrieben hat, kennt das Gefühl, zu Beginn des bevorstehenden Spieles sich offensichtlich in der schwächeren Mannschaft zu befinden.

KAPITEL 10

Man erblickt den Kader der Gegner und denkt zu Beginn des Spieles: „Na, versuchen wir wenigstens, uns teuer zu verkaufen, gewinnen können wir das Spiel nicht."

Häufig gewinnt dann auch die favorisierte Mannschaft, bisweilen sogar sehr deutlich.

Manchmal aber passiert dann genau das, was einen „verdienten Außenseitersieg" ermöglicht: Es treten zu Beginn – oder zumindest im weiteren Verlauf des Spiels – gehäuft relativ seltene Ereignisse ein, die den Spielverlauf zu Gunsten des Außenseiters verschieben. Das können gelungene Aktionen schwächerer Spieler des Außenseiters sein, oder grobe Patzer der Topspieler des Favoriten.

Der Spielverlauf entwickelt sich für einen kurzen Zeitraum gegen den Favoriten.

Wenn es nur ein einzelnes seltenes Ereignis ist, dann wird in der Regel der Favorit noch nicht nervös, aber mehrere beunruhigen den Favoriten und geben dem Außenseiter Mut. Folglich wittert der Außenseiter seine Chance. Die Beunruhigung beim Favoriten führt oft dazu, dass die Topspieler des Favoriten sich in Einzelaktionen verheddern, schließlich sind es ja eben diese Topspieler, die die Klasse des Favoriten ausmachen.

Wenn die Topspieler dann nicht mehr im Mannschaftssinne spielen, dann schweißt dies den Zusammenhalt und den Mannschaftsgeist des Außenseiters zusammen.

Oft kommt es zu übertriebenen Reaktionen unter den Spielern des Favoriten, die sich gegenseitig für den schlechten Spielverlauf die Schuld in die Schuhe schieben, oder die ihre Wut durch mehr und mehr Härte umsetzen oder sich mit hängenden Schultern den Spielverlauf ansehen und sich nicht mehr einsetzen. Demgegenüber motiviert jede gelungene Aktion der schwächeren Spieler den Außenseiter noch mehr.

Das Spiel gerät aus den Fugen, der Außenseiter kann sich mehr und mehr Chancen erarbeiten und gewinnt schließlich.

Der Außenseiter hat „verdient gewonnen", heißt es dann. Die Experten resümieren: „Die mannschaftliche Geschlossenheit des Außenseiters hat über die individuelle Klasse des Favoriten gesiegt."

Solche „verdienten Siege" von Außenseitern bilden genau die Chance, die wir Sportwetter suchen: Mit etwas Sachverstand erkennen wir **während des Spieles**, dass der Außenseiter in dieser einzelnen Partie das bessere Team ist, obwohl die Wettanbieter ihn weiterhin als Außenseiter

KAPITEL 10

ansehen, was man an den Quoten ablesen kann. Wir haben genau das, was sich der Sportwetter wünscht:

Eine hohe Quote auf ein Ereignis, welches viel wahrscheinlicher ist als die Quote vermuten lässt.

Bei „glücklichen Siegen" des Außenseiters hingegen kann man auch als Fachmann während des Spielverlaufes nicht erkennen, dass ein solcher mit höherer Wahrscheinlichkeit eintreten wird als es die Quote der Wettanbieter hergibt.

Dies kann ein Sonntagsschuss in der letzten Spielminute sein, der zum Tor führt, oder eine Fehlentscheidung des Schiedsrichters o. ä. Ein „verdienter Außenseitersieg" zeichnet sich jedoch für den Fachmann erkennbar während des Spielverlaufes ab.

Wie kann man bei Livewetten erkennen, dass ein verdienter Sieg eines Außenseiters mit hoher Wahrscheinlichkeit ansteht?

Versuchen wir, den Erfahrungsbericht in Zahlen auszudrücken und auf Fußball zu übertragen.

Analysieren wir den Spielverlauf wie er oben beschrieben ist:

„Gehäufte relativ seltene Ereignisse, die den Spielverlauf zu Gunsten des Außenseiters verschieben" sind insbesondere Tore. Wenn der Außenseiter ein einziges Tor geschossen hat, dann ist der Favorit normalerweise noch nicht so

beunruhigt – schließlich ist dies „immer einmal möglich". Ein zweites Tor des Außenseiters jedoch sollte einem Favoriten nicht unterlaufen – immerhin stand dann die Abwehr nicht richtig dicht!

Es ist eine alte Regel: Wem etwas einmal gelingt, dem muss es nicht unbedingt ein zweites Mal gelingen, es kann ein Zufallsergebnis gewesen sein.

Wenn aber jemandem etwas zweimal gelingt, so schafft er es in der Regel auch ein drittes Mal!

Damit der Außenseiter jedoch eine hohe Quote auf einen Sieg zugesprochen bekommt, darf er nicht zwei Tore Vorsprung besitzen.

Denn der Favorit sollte immer noch gute Chancen auf einen Sieg besitzen, sonst sind die Quoten nicht gut genug. Ein unentschiedener Stand zum Zeitpunkt der Wette ist also optimal.

Also suche ich gezielt die Live-Fußballspiele nach dem Zwischenstand 2:2 ab, besser noch 3:3, aber der Zwischenstand 3:3 ist viel seltener als der Zwischenstand 2:2.

Am liebsten habe ich es, wenn dieser Zwischenstand zwischen der 60. und 75 Minute vorliegt, dann ist noch für weitere Tore genug Zeit und – ganz wichtig – in der Pause hat es offenbar bis jetzt keine große Veränderung

KAPITEL 10

gegeben! Die Halbzeitpause bei Livespielen hat eine ähnliche Bedeutung wie die Winterpause hinsichtlich der Saison: Ich habe schon oft erlebt, dass nach der Halbzeitpause das Spiel vollkommen auf dem Kopf gestellt wurde, also warte ich wenigstens 15 Minuten der zweiten Halbzeit ab, um dies abschätzen zu können. Nach 15 Minuten Spielzeit in der zweiten Hälfte sollte der Außenseiter zumindest weiterhin gleich gut sein.

Die Quote gibt mir an, welches Team der Außenseiter ist. Das gilt auch für Ligen, von denen ich nicht einmal weiß, auf welchem Kontinent sie stattfinden.

Wenn die Quote für ein Team bei ca. 6 liegt, die Quoten für das favorisierte Team bei ca. 2 und für ein Unentschieden ebenfalls bei ca. 2, so liegt meine Lieblingssituation vor: Es gibt einen 6:1-Außenseiter, der bereits hinreichend lange dem Favoriten trotzt. **Diese Situation schaue ich mir dann genauer an.**

Nahezu jeder Wettanbieter gibt in einer Tabelle besondere Vorkommnisse an, etwa gelbe oder rote Karten, Ecken, Freistöße, Ballbesitz, Angriffe und manchmal auch gefährliche Angriffe.

Diese betrachte ich dann gezielt und versuche allein auf der Grundlage dieser harten Zahlen zu entscheiden, ob der Außenseiter in diesem Spiel eine bessere Chance besitzt als der Favorit.

Mein Lieblingskriterium sind dabei Ecken: Jeder Fußballfan weiß, dass eine Ecke zum einen selbst immer eine reale Torchance darstellt und außerdem bereits eine reale Torchance war, denn die verteidigende Mannschaft blockte in irgendeiner Weise vor dem eigenen Tor eine Aktion des Angreifers ab.

Wenn der Außenseiter genauso viele oder sogar mehr Ecken als der Favorit erhalten hat, so spricht vieles dafür, dass der Außenseiter im bisherigen Spielverlauf einfach die bessere Mannschaft war oder zumindest genauso gut spielte.

Ich mag das Eckenkriterium außerdem noch, weil eine Ecke zu keiner merklichen Quotenreaktion beim Wettanbieter führt. Im Gegensatz zu einer roten Karte oder einem Tor, liegt vor und nach der Entscheidung für eine Ecke keine mir erkennbare Quotenänderung vor, obwohl es eindeutig ein Kriterium für einen besseren Spielfluss für die Mannschaft ist, die die Ecke erhält.

Übermäßig harte Aktionen der Favoritenspieler lese ich an der Anzahl der gelben Karten ab: Hat der Favorit in der letzten Zeit eine gehäufte Anzahl gelber Karten erhalten?

KAPITEL 10

Wenn ja, dann ist bei ihm schon eine Menge Frust im Spiel. Auch hier gilt: Eine gelbe Karte beeinflusst die Quote des Spieles bei den Wettanbietern nicht erkennbar, obwohl sie eine spürbare Bedeutung besitzt. Ein Verteidiger, der bereits eine gelbe Karte erhalten hat, kann einen gegnerischen Stürmer nicht mehr so hart angehen wie zuvor, ansonsten erhält er eine weitere gelbe Karte, die einen Platzverweis für ihn nach sich zieht.

Die Merkmale „Anzahl Angriffe" und „gefährliche Angriffe" haben bei mir eine geringere Bedeutung, weil sie deutlich mehr der Subjektivität des Betrachters unterworfen sind. Ein Betrachter kann etwas als Angriff bewerten, der andere Betrachter sieht das noch als normalen Spielaufbau. Ecken und gelbe Karte jedoch sind unstrittige Anhaltspunkte, die objektiv als Zahl darstellbar sind, so etwas mag ich! Ähnlich beachte ich auch die Anzahl der Einwürfe und der Freistöße weniger: Ein Freistoß oder Einwurf an der gegnerischen Strafraumgrenze ist zweifellos eine dicke Torchance, aber in der eigenen Hälfte fast nichts wert. Dies ist bei Ecken und gelben Karten nun einmal anders, der Wert ist näherungsweise konstant.

Wenn nun beim Stande von 2:2 der Außenseiter mehr Ecken zugesprochen bekommen hat und weniger gelbe

Karten erhalten hat, dann wette ich auf einen Außenseitersieg. Selbstredend bei dem Wettanbieter, der die höchste Quote dafür anbietet. Hier ist ein schneller Internetanschluss unentbehrlich.

Damit habe ich bislang sehr gute Erfolge erzielt, wenngleich ich mir dazu nie eine Statistik habe anfertigen können.

Es ist bei dieser Wettweise viel Bauchgefühl dabei, aber eben nicht nur. Die Anzahl von gelben Karten und Ecken sind harte Zahlen, denen ich folge.

Wohlgemerkt: Dies ist ein Beispiel für einen speziellen Fall von Livewetten. Diese Anleitung ist aber sachlich begründet.

Sie sollten bemerken, dass ich mir nicht vornehme, auf ein bestimmtes Spiel zu setzen, welchem ich gerade eine besondere Aufmerksamkeit schenke. Sondern umgekehrt: Ich suche Spiele, in denen der Außenseiter gegenüber einem Favoriten das bessere Spiel macht.

Wenn Sie die Marge der Quoten 2/2/6 berechnen, so kommen Sie auf ca. 16 % Marge. Diese Marge macht vieles für den Spieler kaputt. Dennoch habe ich sehr gute Ergebnisse mit diesem System eingefahren.

KAPITEL 10

Warnhinweis:
Es sei bei dieser Anleitung noch einmal darauf hingewiesen, dass sie keineswegs einen Gewinn der Wette garantiert. Ich habe lediglich das Gefühl, dass die Quotenbildung der Wettanbieter weniger vom Spielverlauf abhängt als von den Leistungen vergangener Zeiten. Hier haben Sie die Möglichkeit, durch die Betrachtung des Spielverlaufes eine Momentaufnahme zu erstellen, durch die sie in der Lage sind, die Quoten des Wettanbieters als nicht zugehörig zu den realen Wahrscheinlichkeiten zu erkennen.

Ich habe oft versucht, diese Situation des 2:2-Zwischenstandes auf andere Situation zu übertragen, etwa auf den Zwischenstand 1:1 oder 0:0. Dort habe ich jedoch deutlich schlechtere Ergebnisse erzielt und Verluste gemacht.

Wenn ich demgegenüber einige Bekannte beobachte, wie sie ihr Smartphone zücken, um eine Wette während des Spieles auf ihr Lieblingsteam zu platzieren, dann erfolgt das häufig ohne Verstand. Ich habe bereits einige gefragt, warum sie denn jetzt auf ihr Team setzen, gerade ist doch das 1:0 gegen das Team gefallen und dieses Tor war doch verdient aufgrund des Spielverlaufs. Die Antwort ist dann in etwa: „Die gewinnen schon noch, das habe ich im Gefühl!"

Wenn ich dann frage, warum beim Wettanbieter X die Wette abgegeben wurde, heißt es häufig: „Ich bin halt bei dem Wettanbieter". Ein Quotenvergleich hat offenbar nicht stattgefunden. Und gerade bei Livewetten sind bei Rückständen deutliche Quotenunterschiede möglich! Ich habe schon Quotenunterschiede von mehr als 100 % gesehen!

Man kann hier sehen: Viele Wetten werden aus Fantreue heraus abgegeben, nicht aus Verstand. Dies sollten Sie vermeiden, das ist ein Grab für Ihr Geld!

Übertragung der Live-Situationen auf andere Sportarten: Leider verfüge ich nicht über den Sachverstand in anderen Sportarten, um eine solche Anleitung auf die anderen Mannschaftssportarten zu übertragen. Das möge man mir verzeihen.

Ich versuche mich dennoch daran, Ihnen einige Aspekte vorzustellen.

Eine mögliche Übertragung der gelben Karten etwa auf Eishockey oder Handball wäre: Die Zeitstrafen im Eishockey oder Handball haben eine ähnliche Bedeutung wie eine gelbe Karte im Fußball, aber wie man eine Ecke übertragen kann, dazu kann ich mich nicht äußern, es sei der Phantasie des Lesers überlassen, etwas ähnliches auf diese Sportarten zu übertragen – und die eigene Theorie zu überprüfen.

Im Tennis ist ein 2:2-Stand beim Fußball vielleicht mit einer 2:2-Situation nach Sätzen vergleichbar. Wenn es in den fünften Satz geht, dann ist der Außenseiter offenbar doch annähernd gleich stark wie der Favorit. Bekommt er dann trotzdem eine deutlich höhere Quote zugesprochen, dann sollte man auch hier auf den Außenseiter setzen. Zeigen Sie selbst Kreativität und überlegen sich die Vergleichbarkeit – und probieren Sie es aus! Sie sollten Ihren Sachverstand nutzen. Ich habe in diesen Sportarten keinen.

Abschließende Anregungen für Sachverstand bei Wetten:

Gesperrte oder verletzte Spieler und deren Bedeutung

Wer im Vorfeld bei einer Mannschaftssportart, in der er ausreichend Sachkenntnis besitzt, die Internetseiten aufmerksam durchstöbert, erhält wertvolle Informationen über die bevorstehenden Spiele. Dabei werden auch gesperrte oder verletzte Spieler aufgeführt, die den Teams im nächsten Spiel fehlen werden.

Wenn eine Mannschaft einen echten Topspieler nicht zur Verfügung hat, ist sie oft deutlich geschwächt. Ich habe jedoch selten bemerkt, dass der plötzliche Ausfall eines Topspielers vor der Begegnung die Quote deutlich verändert.

Wenn Sie hinreichende Sachkenntnis besitzen, können Sie versuchen, gezielt mit Hilfe dieser Internetseiten solche Spiele zu finden, in denen eine Mannschaft durch den Ausfall von Topspielern geschwächt ist und gegen diese Mannschaft wetten.

Sie benötigen dabei die Sachkenntnis, ob es der Ausfall eines einfach zu ersetzenden Spielers ist, oder ob der Spieler bislang eine wirklich zentrale Rolle gespielt hat.

Ich glaube, dass bei den meisten Mannschaftssportarten eine 5 %-Marge des Wettanbieters dabei durchaus zu übertrumpfen ist. Es ist so etwas wie ein Zusatzkriterium für Ihre Entscheidung: Sagen wir, in einer Begegnung muss der Favorit eine englische Woche spielen, der Außenseiter nicht. Es ist ein schlechtes Wetter vorhergesagt (besondere Umstände!). Wenn dann beim Favoriten noch ein oder zwei wichtige Spieler verletzt sind, dann sollte man nicht auf den Favoriten setzen, auch wenn wir mitten in der Saison sind. Entweder lässt man die

KAPITEL 10

Begegnung weg, oder setzt darauf, dass der Favorit nicht gewinnt.

Comebacks ehemaliger Ausnahmesportler

Wenn ein Ausnahmesportler in einer Einzelsportart nach einer langen Pause zurückkehrt – etwa ein Tennisspieler oder Boxer –, dann besitzt er zumeist nicht mehr die Wettkampfstärke wie zuvor. Ich glaube nicht, dass die Quoten dies immer angemessen berücksichtigen. Ein Sportler, der lange erfolgreich war, besitzt immer noch viele Fans, die auf ihn setzen und die die Quote für ihn nach unten drücken – trotz seiner langen Verletzungspause. Die Gegner solcher Comeback-Sportler sind häufig hoch motiviert, denn ein Sieg gegen einen Ausnahmesportler zieht immer noch lange die Aufmerksamkeit auf sich. Ein weiterer Vorteil ist, dass der Gegner des Comeback-Sportlers zusätzlich noch hervorragend über die Strategien des ehemaligen Ausnahmesportlers informiert ist, denn von einem Ausnahmesportler erhält man mehr Informationen als von einem Neuling, der erst kürzlich die Profiszene betreten hat.

Meine Theorie ist: In solchen Fällen sollte man tendenziell nicht auf das Comeback des Wettkämpfers setzen, sondern gegen ihn. Überprüfen Sie diese Theorie bitte eigenständig.

Abstract: Hervorragender Sachverstand bei Sportwetten

Das Entscheidende für alle diese Beispiele, die einen hervorragenden Sachverstand mit einbeziehen, ist Folgendes:

Der Wettfreund erkennt Dinge, die der Wettanbieter bzw. die Masse der Wettfreunde nicht oder nicht angemessen in seiner Quote berücksichtigt, die aber doch eine größere Bedeutung für den Ausgang des Ereignisses besitzen.

Wie im richtigen Leben habe ich bemerkt: Wenn sich alle Menschen sicher sind, dass ein Sachverhalt richtig ist, dann ist der Sachverhalt häufig falsch. Wenn der Favorit von jeder Seite als klarer zukünftiger Sieger gesehen wird, dann sind Außenseitererfolge häufiger als die Quote und wir haben den positiven Erwartungswert für eine Wette.

KAPITEL 11

Epilog und Zusammenfassung

In Kapitel 2 habe ich erwähnt, dass ich Wettanbieter vor meiner Erfahrung als Sportwetter als Organisationen mit kriminellem Hintergrund angesehen habe.

Ich habe mein Urteil revidiert: Ein Wettanbieter ist für mich heute ein normaler Dienstleistungsbetrieb, der den Markt der Sportwetten bedient. Selbstverständlich besitzt er eine Gewinnabsicht, aber das besitzt z. B. ein Frisör auch und ich selbst werde für meinen Beruf auch bezahlt. Wenn der Wettanbieter irreführend wirbt, etwa mit dem Slogan „Wir verdoppeln Ihre Gewinne", dann ist das übliche Praxis der Werbebranche. Diese Art der Irreführung gibt es auch für unspektakuläre Produkte, etwa wenn eine Schokoladenmarke als besonders sportlich beworben wird.

Durch meine Überlegung, dass ein Wettanbieter durch das Spielverhalten seiner Kunden die Quoten abändern muss, stellt ein Wettanbieter lediglich eine Börse für die Wetten zur Verfügung, die ansonsten zwischen den einzelnen Wettfreunden untereinander zustande gekommen wäre, evtl. in einer Gastwirtschaft.

Ich bin weiterhin der Wettpartner der anderen Wettfreunde, denn die Wettanbieter müssen sich nach der Masse der anderen Wettfreunde richten und ihre Quoten abändern.

Während ich bei einer Wette im Bekanntenkreis jedoch Skrupel hätte, meinem Wettpartner einen größeren Geldbetrag für eine gewonnene Wette abzunehmen, so habe ich bei einem professionellen Wettanbieter eigentlich keine moralischen Bedenken, das ist der Vorteil eines Wettbüros.

Wetten ist auch nicht ein „Ausnehmen" des Schwächern. Im Gegenteil: Ich sehe meine Wettleidenschaft mehr als Wettbewerb zwischen guten Mathematikern an. Jeder Bookie müsste für mich eigentlich ein potenzieller, sehr interessanter Arbeitgeber sein. Ich könnte mir heute durchaus eine freiberufliche Arbeit im Nebenjob bei einem Wettanbieter vorstellen, vielleicht kontaktiert mich ja sogar ein Wettanbieter über mein Pseudonym.

KAPITEL 11

Die Risiken der Spielsucht, vor denen immer gewarnt wird, gibt es zweifelsohne und ich habe von Bekannten mehrfach moralische Vorwürfe erhalten, dass ich mit dem Schreiben eines Buches die Spielsucht einiger Menschen hervorrufen oder verstärken könnte.

Ich kann mir zwar gut vorstellen, dass eine Wettleidenschaft, die harmlos begann, aber danach zur Sucht wurde, für etliche Menschen und deren Familien großes Unglück gebracht hat. Aber auch hier kann ich alltägliche Produkte anführen, die nicht weniger gefährlich und Unglück bringend sind. Wetten an sich ist nichts Schlechtes, genauso wie ein Glas Bier an sich auch nicht verwerflich ist und Alkoholsucht genauso Unglück bringend ist wie jede andere Art übertriebenen Verhaltens. Mit dem wirklich ernst gemeinten Ratschlag, ein eigenes Girokonto nur für Wetten aufzumachen- selbstverständlich ohne Dispositionskredit- glaube ich der Spielsucht einiger Wettfreunde einen relativ sicheren Riegel vorgeschoben zu haben:

Mein Wettkonto ist für mich so etwas wie mein Spielgeld bei einer Partie Monopoly geworden: Es zeigt mir, dass ich gut spiele. Das weitere Vermögen von mir wird durch meine Wetten nicht weiter beeinflusst, wenn ich einmal davon absehe, dass ich mehrfach von meinem Wettkonto mir größere Geldbeträge für meinen persönlichen Konsum habe auszahlen lassen.

Dieses Buch richtet sich ohnehin nahezu ausschließlich an Personen, die bereits regelmäßig Sportwetten abgeben. Diese Menschen bewahre ich mit meinen Tipps vor weiteren Verlusten. Ich denke, dass ich mit diesem Buch niemanden in die Spielsucht treibe. Im Gegenteil, ich kann nur mehrfach betonen, dass eine sehr umfangreiche Buchführung meine Wettgewinne erst möglich gemacht haben. Nehmen Sie sich auch eine solche Buchführung vor, das generiert Ihre Gewinne und schützt Sie vor unkalkulierbaren Wettverlusten.

Ich habe im ersten Kapitel erwähnt, dass ich mehrere Jahre hauptberuflich an der Börse gearbeitet habe. Die Börse wird von breiten Teilen der Bevölkerung ebenso wie das Wetten als „unvorhersagbare Spekulation" negativ angesehen. Es gibt aber einen zentralen Unterschied: Das Geld, welches in Wertpapieren investiert wird, fließt in den Wirtschafts- und Produktionsprozess ein. Geld wird als Kapital einem Unternehmen zur Verfügung gestellt, welches damit in die Lage versetzt wird, Güter zu produzieren, die dann konsumiert werden können. Das Geld wird an der Börse investiert. Das Geld, welches an die Börse gebracht wird, vermehrt sich dadurch. Geld, welches in eine Wette fließt, wird jedoch nur unter den Wettpartnern hin- und her geschoben. Es ermöglicht keine Produktion irgendwelcher Güter. Damit ist eine Wette für den Wohlstandserhalt wertlos, eine Investition von Geld an der Börse hingegen ist zentraler Bestandteil einer entwickelten Volkswirtschaft. An der Börse dauerhaft Geld zu verdienen, ist deshalb möglich.

Bei meiner Recherche im Internet über Geld verdienen mit Sportwetten habe ich Webseiten angeklickt, die eine Anleitung zum Profiwetter geschrieben haben wollen.

Durch meine Erfahrung bin ich überzeugt: Echte „Profiwetter", also Personen, die langfristig ihren Lebensunterhalt mit Wetten bestreiten können, gibt es nicht. Nach meiner Erfahrung wird man relativ schnell für die attraktiven Promotionen gesperrt und selbst wenn man lediglich mit den guten Quoten und statistischen Hintergrundwissen systematisch Erfolge bestreitet, so sperren oder limitieren selbst große, international agierende Wettanbieter den Wettfreund ohne Begründung. Ein einziger Wettanbieter hat mich bislang trotz 6.000 € Reingewinn noch nicht limitiert. Alle anderen sperrten mich, sobald ich Gewinne zwischen 1.000 € und 4.000 €

erwirtschaftet hatte. Es kann sein, dass es vor allem die Systematik meiner Wetten war, die die Bookies veranlasst hatte, mich zu sperren. Wenn ich mit ein oder zwei Glückstreffern diese Gewinne erwirtschaftet hätte, dann wäre ich bei den Gewinnsummen noch nicht gesperrt worden. Aber ich habe selten mehr als 50 € auf eine Wette gesetzt und kam so zu stetig steigenden Wettkonten und war damit offenbar allen Wettanbietern suspekt.

Wenn ich bis jetzt tatsächlich ca. 20.000 € als Gewinn innerhalb von 3 Jahren verbuchen kann, so weiß ich, dass ich diese Performance in Zukunft nicht fortsetzen kann.

Ich habe auf meinen Beruf als Lehrer hingewiesen. Wenn man eine didaktische Ausbildung besitzt, dann sollte man eine Unterrichtseinheit in wenigen Merksätzen zusammenfassen können. Etwa ein Satz pro Unterrichtsstunde ist dabei eine Faustformel.

Wenn ich für die Lektüre dieses Buches sechs Stunden Lesezeit ansetze, so sollte ich hier sechs Merksätze formulieren, die am Ende noch einmal hervorgehoben werden sollten.

KAPITEL 11

So sei es, hier sind die **sechs wichtigsten Regeln am Ende des Buches:**

1. Spielen Sie nur mit dem Geld, welches Sie bereit sind zu verlieren und machen Sie dieses Spielgeld für sich selbst kenntlich, indem Sie zuvor ein „Wettkonto" eröffnen.

2. Wetten Sie nur die Wetten mit niedriger Marge, also die sog. „Hauptwetten" großer Sportereignisse.

3. Nehmen Sie Promotionen an und nutzen Sie diese zur Gewinnmaximierung.

4. Vergleichen Sie die Quoten der Wettanbieter untereinander und nehmen Sie selbstredend die höchste angebotene Quote.

5. Fertigen Sie eigenständig Statistiken an, in denen Sie die kürzlich stattgefundenen Sportereignisse mit deren Quoten vergleichen, und geben Sie im Falle von positiven Erwartungswerten auf einzelne Sportsituationen Kombinationswetten ab.

6. Lösen Sie sich von Ihrem Lieblingsteam in Bezug auf Wetten! Sie sind „fanblind", wenn Sie auf Ihr Team setzen. Sie erkennen nicht, wenn Ihr Team schlecht spielt – und wetten auch noch, wenn Ihr Team offensichtlich eine zu niedrige Quote bekommt.

Dieses Buch habe ich mit viel Leidenschaft geschrieben. Meines Wissens nach, gibt es keine Aufarbeitung dieser Art bezüglich Sportwetten. Ich hoffe, es ermöglicht Ihnen eine gesunde Reflexion Ihres bisherigen Wettverhaltens und beschert Ihnen Erfolg.

Ich wünsche Ihnen erfolgreiches Wetten!

Ihr Lorenz Laplace

ANHANG 1

Berechnung der Marge eines Wettanbieters

Nehmen wir an, dass ein Sportereignis lediglich zwei Ausgänge hat – etwa Heimsieg oder Auswärtssieg.

Quote Heim: 2,65
Quote Auswärts: 1,45

Um die Marge zu berechnen, verfahren Sie wie folgt: Sie bilden die Kehrwerte der Quoten und addieren diese:

Im Beispiel: 1/2,65 + 1/1,45 = 0,3773 + 0,6896 = 1,067
Von diesem Wert subtrahieren Sie 1 (= 100 %):
1,067 - 1 = 0,067.

Diese Dezimalzahl gibt die Marge an, die Sie noch in Prozent ausdrücken können, indem Sie das Komma um zwei Stellen nach rechts verschieben. Im Beispiel: $0{,}067 = 6{,}7\,\%$

Wenn ein Ereignis mehr als zwei Ausgänge besitzt, so müssen Sie von allen Quoten den Kehrwert bilden und addieren.

Beispiel im Fußball:

Sieg Heimteam: 3,05
Unentschieden: 3,3
Sieg Auswärtsteam: 2,2
$1/3{,}05 + 1/3{,}3 + 1/2{,}2 = 0{,}3279 + 0{,}3030 + 0{,}4545 = 1{,}085$
$1{,}085 - 1 = 0{,}085 = 8{,}5\,\%$

Um meine Berechnungen für die Margen der Einzelergebnisse durchzuführen, kommen Sie leider nicht drum herum, alle Quoten der möglichen Einzelergebnisse zu betrachten, und das können schnell 20 oder mehr mögliche Ereignisse sein!

Auf der folgenden Seite finden Sie einige Übungen.

ANHANG 1

Übung 1:

Ein bekannter Wettanbieter bot für ein Bundesligaspiel am 24.08.2019 folgende Quoten an:

Heim: 4,35;
Unentschieden: 4,25
Auswärts: 1,7
Berechnen Sie die Marge.

Lösung:

1/4,35 + 1/4,25 + 1/1,7 = 1,0534
1,0534 - 1 = 0,0534 = 5,34 % Ein recht guter Wert.

Übung 2:

Für das **gleiche Bundesligaspiel** wurden vom **gleichen Wettanbieter** für die „Ergebnisse 1. Halbzeit" folgende Quoten angeboten:

Halbzeitführung Heim: 4,25
Habzeitstand Unentschieden: 2,5
Halbzeitführung Auswärts: 2,1

Berechnen Sie die Marge.

Lösung:

1/4,25 + 1/2,5 + 1/2,1 = 1,111
1,111 - 1 = 0,111 = 11,1 %

Die Marge im Vergleich zur Hauptwette hat sich mehr als verdoppelt!

Übung 3:
Für die Resultate des **gleichen Bundesligaspieles** sind vom **gleichen Wettanbieter** folgende Quoten angeboten worden (vgl. Tabelle 11-1):

A Heimsieg	B Quote	C Unentschieden	D Quote	E Auswärtssieg	F Quote
1:0	18	0:0	23	0:1	10,5
2:0	30	1:1	8	0:2	10
2:1	13,5	2:2	11,5	1:2	7,7
3:0	70	3:3	38	0:3	14,5
3:1	33	4:4	100	1:3	11,5
3:2	29			2:3	16,5
4:0	100			0:4	20
4:1	100			1:4	22
4:2	95			2:4	33
4:3	100			3:4	75
5:0	100			0:5	65
5:1	100			1:5	50
5:2	100			2:5	80

Tabelle 11-1

Berechnen Sie die Marge!

ANHANG 1

A	B	C	D	E	F	
	Heimsieg		Unentschiede		Auswärtssieg	
	Quote	Kehrwert Quote	Quote	Kehrwert Quote	Quote	Kehrwert Quote
1.0	18	0.06	0:0	23	0.04	10.5	0.10
2.0	30	0.03	1:1	8	0.13	13	0.10
2.1	35	0.07	2:2	11.5	0.09	7.7	0.13
3.0	70	0.01	3:3	38	0.03	14.5	0.07
3.1	33	0.03	4:4	100	0.01	11.5	0.09
3.2	29	0.03				16.5	0.06
4.0	100	0.01			2.3	23	0.04
4.1	100	0.01			1.4	22	0.05
4.2	95	0.01			2.4	33	0.03
4.3	100	0.01			3.4	75	0.01
5.0	100	0.01			0.5	65	0.02
5.1	100	0.01			1.5	50	0.02
5.2	100	0.01			2.5	83	0.01
	Summe Kehrwerte	0.31	Summe Kehrwerte	0.29	Summe Kehrwerte	0.71

Lösung: Sie müssen von allen Quoten die Kehrwerte bilden und dann addieren.

Also:
1/18 + 1/23 + 1/10,5 (erste Zeile) +
1/30 +1/8 + 1/10 (zweite Zeile) + (...)
(Ja, Sie müssen alle Kehrwerte bilden und addieren!)

Das geht schneller mit einem Tabellenkalkulationsprogramm. Ich erweitere rechts neben den Quoten jeweils um die Spalte des Kehrwertes und addiere anschließend unten alle Kehrwerte (Tabelle 11-2, vorherige Seite).

Die Marge berechnet sich also: 0,31 + 0,29 + 0,71 = 1,31
Damit ist also die Marge bei 1,31 - 1 = 0,31 = 31 %
Ein fürchterlicher Wert!

Die Marge ist übrigens noch größer, denn wie jeder Wettfreund weiß, sind sogar noch weitere Ergebnisse möglich, die nicht aufgeführt sind, etwa das Ergebnis 5:5 oder 6:0.
Einige Wettanbieter haben das Ergebnis „Jedes andere Ergebnis", dieser hier nicht.

ANHANG 1

Hinweis: Es sei noch erwähnt, dass bei der Margenberechnung sichergestellt werden muss, dass sich die Quoten auf sog. „disjunkte Ereignisse" beziehen.

Disjunkte Ereignisse sind Ereignisse, die sich gegenseitig ausschließen. Dies ist bei den Beispielen oben allerdings gegeben, denn z. B. das Resultat 2:1 schließt aus, dass ein anderes Resultat das Ergebnis war.

Ein typisches Beispiel für nicht disjunkte Ereignisse ist das Ereignis „doppelte Chance":

Das Ereignis „Sieg Heim oder Unentschieden" ist **nicht disjunkt** mit dem Ereignis „Unentschieden oder Sieg Auswärts", denn es ist möglich, dass beide Ereignisse eintreten können, nämlich eben das „Unentschieden".

Wenn Sie nicht disjunkte Ereignisse betrachten, so können Sie die Marge nicht berechnen, das würde den Rahmen dieses Buches sprengen!

ANHANG 2

Wahrscheinlichkeiten in Quoten umrechnen und umgekehrt

Wenn Sie wissen möchten, wie groß die faire Wahrscheinlichkeit für eine vorgegebene Quote ist, so müssen Sie den Kehrwert der Quoten bilden.

Beispiel:

> Quote: 1,8
> Dann ist die faire Wahrscheinlichkeit, die zu dieser Quote gehört: 1/1,8 = 0,5555 = 55,55 %

Wenn Sie die Wahrscheinlichkeit eines Ereignisses in eine Quote umrechnen wollen, so verfahren Sie umgekehrt.

Die Prozentzahl wird in eine Dezimalzahl umgerechnet, indem Sie das Komma um zwei Stellen nach links verschieben. Dann bilden Sie wieder den Kehrwert der Dezimalzahl.

Beispiel: Wahrscheinlichkeit Ereignis A: 35 %

35 % = 0,35
1/0,35 = 2,857

Also ist 2,857 die faire Quote zu dieser Wahrscheinlichkeit.

ANHANG 3

Berechnung der Quote zweier vereinigter Ereignisse

Um z. B. das Ereignis „Team A spielt unentschieden oder gewinnt", welches in der Regel unter der Überschrift „doppelte Chance" zu finden ist, mit den Quoten zu vergleichen, welches die Einzelergebnisse „Team A gewinnt" und „Unentschieden" ergeben, verfahre man wie folgt:

Bilden Sie die Kehrwerte der Einzelquoten und addieren diese dann. Damit haben Sie die Wahrscheinlichkeit des Gesamtereignisses berechnet.

Von dieser Wahrscheinlichkeit bilden Sie wieder den Kehrwert, dies ist die faire Quote für das Gesamtereignis.

Beispiel:

Quote: Team A gewinnt: 4
Unentschieden: 3,2

Dann ist die Wahrscheinlichkeit von „Team A gewinnt oder Unentschieden": 1/4 + 1/3,2= 0,25+ 0,3125=0,5625

Hiervon der Kehrwert ist: 1/0,5625=1,78

Damit wäre 1,78 die Quote von dem Gesamtereignis.

Bei vielen Wettanbietern sind diese Quoten zu niedrig berechnet, einige jedoch sind fair.

Index über die wichtigsten Regeln und Begriffe

Acca-Insurance -> *Kombiwettenversicherung*
Alles-Oder-Nichts-Charakter, Regel   S. 161
Berechnung des Wertes von Gratiswetten   S. 64
Boost   S. 78
Boost-Token-Regel   S. 83
Cashback   S. 75
Erbsenzählerstrategie   S. 120
Erhöhte Quoten -> *Boost*
Erwartungswert von Sportwetten -> *Faustregel*   S. 48
Faustregel für den Erwartungswert von Sportwetten   S. 48
Favoriten-Kombinationsregel   S. 142
Favoriten-Steuer-Regel   S. 102
Fundamentalsatz für Wettfreunde   S. 41

Gratiswetten-Regel	S. 64
Garatiswetten-bei-Verlust-Regel	S. 69
Hauptwette	S. 90
Hauptwettenregel	S. 93
Kombinationswetten	S. 70
Kombiwettenversicherung	S. 169
Krasse-Außenseiter-Regel	S. 105
Lorenz-Laplace-Paradoxon	S. 132
Margenregel	S. 95
Nichthauptwetten	S. 91
Popularität, hoher, Sportveranstaltung -> *Sportveranstaltung*	
risikoloses Wetten -> *Gratiswette bei Verlust*	
Sportveranstaltungen mit hoher Popularität	S. 88
Thrustbet -> *Gratiswette bei Verlust*	
Überschlag-Verlust-Berechnung für Kombiwetten	S. 73
Vier-Punkte-Verfahren nach Lorenz Laplace	S. 149
Webseiten-Tipp	S. 116
Willkommensbonus, Regel 1:	S. 56
Willkommensbonus, Regel 2:	S. 59
Zwei-Tore-Versicherung	S. 83